河北省公路安全生命防护工程实施技术指南

Guide for Implementation of Improve Highway Safety to Cherish the Life Project of Hebei Province

（试行）

主编单位：河北省交通运输厅公路管理局

人民交通出版社股份有限公司
China Communications Press Co.,Ltd.

内 容 提 要

本指南结合河北省现有公路特点与实际需求，对过村镇路段、连续长陡纵坡路段、临水临崖路段、各类平交路口路段等典型风险路段，提出安全设计要点和安全设施设计要求。全书共13章，主要包括总则，术语，总体要求，交通安全风险典型路段交通特征、安全风险及处置方案、后评估等内容。

本指南可供公路管理、交通管理人员参考使用，也可供相关研究、工程设计、施工和监理技术人员阅读参考。

图书在版编目(CIP)数据

河北省公路安全生命防护工程实施指南 / 河北省交通运输厅公路管理局主编. — 北京：人民交通出版社股份有限公司，2019.7

ISBN 978-7-114-15718-9

Ⅰ.①河… Ⅱ.①河… Ⅲ.①公路运输—交通运输安全—安全工程—河北—指南 Ⅳ.①U492.8-62

中国版本图书馆CIP数据核字(2019)第143131号

书　　名：河北省公路安全生命防护工程实施技术指南(试行)
著 作 者：河北省交通运输厅公路管理局
责任编辑：刘永超　石　遥
责任校对：张　贺
责任印制：张　凯
出版发行：人民交通出版社股份有限公司
地　　址：(100011)北京市朝阳区安定门外外馆斜街3号
网　　址：http://www.ccpress.com.cn
销售电话：(010)59757973
总 经 销：人民交通出版社股份有限公司发行部
经　　销：各地新华书店
印　　刷：北京市密东印刷有限公司
开　　本：880×1230　1/16
印　　张：8.5
字　　数：157千
版　　次：2019年7月　第1版
印　　次：2019年7月　第1次印刷
书　　号：ISBN 978-7-114-15718-9
定　　价：90.00元

前　　言

2014 年 11 月，国务院办公厅发布的《关于实施公路安全生命防护工程的意见》(国办发〔2014〕55 号)提出在全国实施公路安全生命防护工程。为此，交通运输部印发了《公路安全生命防护工程实施技术指南》，要求各省区市通过全面排查治理现有的公路安全隐患，大力推进公路安全综合治理等措施，全面提升公路安全水平。

“十二五”期间，河北省普通干线公路共实施公路安保工程 2.7 万 km，投资 27 亿元，有效改善了普通干线公路的通行环境。2016 年，河北省作为交通运输部公路安全生命防护工程的示范省份，在国道 101 线、省道承赤线、县道东北线和乡道七崖线等 4 条路段，共计 258km 的道路上实施了公路生命安全防护工程，获得了交通运输部验收组的一致好评。

为了更好地总结河北省公路安全生命防护工程实施经验，进一步统一处置标准及处置措施，特编制了《河北省公路安全生命防护工程实施技术指南》(以下简称《指南》)。《指南》包括总则，术语，总体要求，交通安全风险典型路段交通特征、安全风险及处置方案、后评估等 13 章内容及附录。

《指南》结合河北省现有公路特点与实际需求，对过村镇路段、连续长陡纵坡路段、临水临崖路段、各类平交路口路段等典型风险路段，提出安全设计要点和安全设施设计要求。《指南》强调因地制宜地灵活设计和多种手段、措施相互协调与配合，各使用单位可根据实际情况选用，并及时总结本单位实施过程中的经验和创新技术，形成具有地域特色的公路安全生命防护技术手段和措施。

主编单位：河北省交通运输厅公路管理局

参编单位：承德交通勘察设计院有限公司

主要编写人员：白军华　郑彦军　张小华　李　莉　于泾泓　刘彦涛
周士杰　杨怀庆　张云飞　刘丽丽　栗　辉　张立辉

主要审定人员：周荣贵　廖军洪　杨曼娟　邬宏波

目　　录

1 总则

1.1 目的

为进一步提升河北省公路交通安全保障水平，指导现有公路安全生命防护工程建设，依据交通运输部《公路安全生命防护工程实施技术指南》(以下简称《部指南》)，结合全国公路安全生命防护工程河北省示范路建设成果，制定《河北省公路安全生命防护工程实施技术指南》(以下简称《指南》)。

1.2 适用范围

《指南》适用于河北省辖区内一级、二级、三级、四级公路路基、路面、桥涵、隧道构造物及其用地范围内的附属设施。其他公路可参照执行。

1.3 原则

坚持“因地制宜、系统完善，预防优先、经济有效、服务群众”的建设理念，统筹人、车、路、环境、管理等安全要素，实施公路安全生命防护工程建设。

准确把握公路安全生命防护工程是一个长期、持续、不断改进的过程，系统规划、分步实施、动态排查，不断提高公路安全生命防护工程保障能力。

公路安全生命防护工程分为现有公路完善提升工程和新改建公路同步实施工程。新改建公路设置的公路安全生命防护工程必须与主体工程做到“三同时”，即同时设计、同时施工、同时投入使用。

1.4 目标

通过实施公路安全生命防护工程，综合采取技术手段与管理措施，建立一套整体性强、系统完善、监管有力的公路安全生命防护体系，优先消除公路交通安全高风险路段，减少交通事故发生，降低事故严重程度，持续提升公路交通安全保障水平，实现“设施完善、安全便捷、提升效率、群众满意”的目标。

1.5 规范性引用文件

(1)《公路工程技术标准》(JTG B01 2014);

(2)《公路路线设计规范》(JTG D20—2017);

(3)《公路路基设计规范》(JTG D30—2015);

(4)《道路交通标志和标线》(GB 5768—2009);

(5)《公路交通安全设施设计规范》(JTG D81—2017);

(6)《公路交通安全设施设计细则》(JTG/T D81—2017);

(7)《公路安全生命防护工程实施技术指南》(交办公路〔2015〕26 号);

(8)其他有关现行标准、规范。

2 术语

2.1 公路安全生命防护工程

公路安全生命防护工程是对公路进行风险分类、评估后，采取工程、管理等措施实施综合处置，以消除或降低交通安全风险的一项系统工程。

2.2 交通安全风险典型路段

具有易诱发交通事故的道路条件和环境特征的路段。

2.3 山区公路

公路路线总体布设在山岭重丘地区。路段线形设计指标较低，具有桥梁、隧道等构造物占比大和急弯陡坡、视距不良、路侧险要等道路条件。

2.4 功能集中公路

因国家或区域经济建设和运输安全保障需要，特殊运输功能较为集中的公路，如旅游、煤炭、矿产、危化品、大型构件等运输车辆集中行驶的公路。

2.5 旅游功能集中公路

以旅游交通通行为主，连接旅游景点且路域范围内具有旅游价值的公路。

2.6 公路城市化路段

穿过县城及以上城区之外的郊区，承担交通综合运输、物流集散等功能，并服务居民生产、生活的路段。

2.7 公路过村镇路段

穿过人口密集的村庄或集镇，承担交通综合运输功能并服务路侧群众生产生活的路段。

2.8 交通事故多发路段

在剔除酒驾、毒驾、超速等违法行为引发的交通事故数据后，2km 范围内 3 年发生过 1 起及以上，死亡 3 人及以上的事故或 500m 范围内 3 年发生过 3 起及以上死亡事故的路段。

2.9 实际净区宽度

实际净区宽度是指从外侧车行道边缘线开始，向公路外侧延伸的平缓、无障碍物区域的有效宽度，包括硬路肩、土路肩及可利用的路侧边坡。

3 总体要求

3.1 一般规定

建设单位应与地方政府、交通管理、应急管理等部门进行充分协商，结合地方相关政策及路面修复工程、绿化工程、地质灾害治理工程、排水系统综合治理工程等专项工程统筹考虑，确定建设内容，明确管理责任。

根据年度线路或路段交通事故情况，结合交通构成、沿线环境、路网结构等变化，管理单位或责任主体单位宜对重点线路或路段交通风险和隐患适时进行排查，依据排查结果制订或调整实施计划。

综合考虑人、车、路、环境、管理等因素对交通安全风险典型路段进行处置。交通安全风险典型路段包括：公路城市化路段和过村镇路段、行车视距不良路段、长陡纵坡路段、平面交叉路口路段、路侧安全风险路段、功能集中公路局部路段、公路条件变化路段、交通安全事故多发路段等。

交通安全风险典型路段风险等级为Ⅲ级及以上路段参照《指南》确定的处置方案实施，为Ⅱ级的路段可根据资金情况分期实施。如路段具有两种或两种以上典型风险路段道路条件的，应进行综合处置。

鼓励在公路安全生命防护工程实施中采用经过充分论证的新技术、新材料、新工艺、新产品。

3.2 实施步骤

公路安全生命防护工程实施步骤如图 3. 2 所示。

3.2.1 基础资料收集整理

按照不同的排查方法，基础资料的收集或采集包括：公路交通事故资料、公路技术参数资料、已有安全设施和已实施安全改善工程资料、交通流量和交通构成资料、交通环境资料及其他可能需要的资料。数据的采集根据获得的方式不同可分为需测量数据、需现场判断数据和需查阅资料数据三部分。

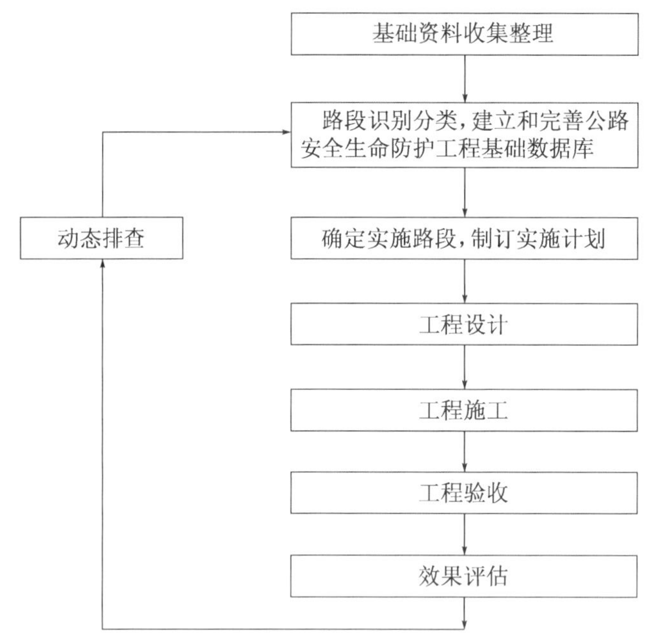

图 3.2　公路安全生命防护工程实施步骤

3.2.2　建立和完善公路安全生命防护工程基础数据库

建设单位应根据路段的交通特征、道路环境，对交通安全风险典型路段进行识别、分类，按照《部指南》的公路风险评估方法，确定路段的公路风险等级。连同基础资料一起，建立公路安全生命防护工程基础数据库，并不断调整、优化、完善数据库信息。

3.2.3　确定实施路段并制订实施计划

按照数据库基本数据，结合路段交通的基本情况、资金支持情况和经济社会发展情况，按照“轻重缓急、分步实施、逐步完善”的思路制订实施计划。

3.2.4　工程设计

通过深入分析拟实施路段交通事故发生原因和交通安全风险特点，依据现行标准、规范，结合《指南》制订设计方案，将人性化设计、标准化设计、规范化设计、精细化设计贯穿设计全过程，构建系统、完善的公路安全生命防护工程体系。设计方案应进行经济、技术、效果分析和现场论证、校核。

公路安全生命防护工程方案确定后，宜对工程措施的可行性和预期效果进行论证，避免失控车辆在各类安全处置条件下发生二次事故，同时避免盲目设防和过度设防。

3.2.5　工程施工

依据路段实际情况，做好公路安全生命防护工程施工组织设计。建立健全符合公路安全生命防护工程特点的质量保证体系。严格施工现场安全监督管理，合理布设施工作业区，做好交通组织工作，保证交通安全及现场施工人员安全。

3.2.6　工程验收

工程验收前应重点对工程施工质量、设计方案与交通实际情况的适应程度等进行审验，对存在的问题应在交工验收之前进行整改。通过交工审核后即可进行项目验收，验收不合格项目要限期整改。

3.2.7　效果评估

市级公路管理单位可依照《指南》适时收集整理工程实施前后的防护设施损坏情况(分人为破坏、车辆破坏和地质灾害破坏等)，收集并分析实施路线的交通事故数据变化情况，依据翔实的数据对工程实施效果及时做出客观评价，同步完善公路安全生命防护工程基础数据库。同时，做好公路安全生命防护工程建设及处置案例与技术整理，为完善公路安全保障技术提供支撑。

3.2.8　动态排查

市级公路管理单位应针对公路基础指标的变化、交通流参数的变化、交通环境的变化或新的交通安全要求等，有计划地对辖区路网进行公路风险评估、条件识别或指标综合判别，动态排查实施路段，不断提高公路交通安全保障水平。

3.3　保障措施

3.3.1　组织保障

建立地方政府、交通运输主管部门、应急管理部门、公安交通管理等部门之间的协调沟通机制，本着交通部门主导，其他部门协助的方式，组织公路安全生命防护工程的实施。

3.3.2　资金保障

国省干线公路的公路安全生命防护工程资金主要由中央车购税资金和省级燃油税

等财政资金保障。农村公路的公路安全生命防护工程资金主要由中央车购税资金和地方政府财政资金保障。

3.3.3 技术保障

根据路网变化、交通量及交通组成变化情况，对实施过程中的问题进行论证、研究，并及时梳理总结研究成果，修订完善《指南》。

3.3.4 质量保障

公路安全生命防护工程所使用的设施产品应符合相关质量控制要求。

工程验收时，具体的检测项目及技术指标参见现行《公路工程质量检验评定标准》(JTG F80/1)、有关工程质量管理文件、检验标准或根据设计文件和其他相关规范的要求。

公路安全生命防护工程建设项目的交工验收，由归口项目建设单位进行组织，选取或指定公路安全生命防护工程建设专家实施，并按照公路工程管理权限吸收相应层级的公安交通管理、安全监管等部门人员参加。竣工验收按照公路工程管理权限，由所属省级公路管理部门组织。

3.4 智能化技术应用

应结合公路安全生命防护工程加强道路的智能化建设与管理，充分考虑公路使用者出行需求，利用网络信息技术及时发布路况信息服务群众，指导交通出行，及时发现交通事故，组织救援，警示危险，保障安全。

4 交通安全风险典型路段交通特征

4.1 公路城市化路段和过村镇路段

该典型路段穿过县城或人口密集的村镇，承担交通综合运输、物流集散等功能，非机动车与行人出行需求大，路侧街道化严重，公路横断面形式多样，相交道路及接入路口密集，客货车辆混合、机动车与非机动车混行，过境车辆、区域车辆交通转换频繁。具有机动车与非机动车路权不明确，机动车、非机动车、行人无序通行，路宅界限不清，横向干扰大等交通特征。

4.2 行车视距不良路段

该典型路段一般在道路的弯道、坡道、交叉路口、村镇路段等处，指主要公路行车视距小于表4.2所列最小视距值的路段及不满足通视三角区要求的平交路口，主要交通特征为：驾驶人因视距不良，不能及时发现风险并调整车辆行驶状态。

表4.2 一级、二级、三级、四级公路的停车视距、会车视距、超车视距要求

视　　距	设计速度(km/h)					
	100	80	60	40	30	20
停车视距(m)	160	110	75	40	30	20
货车停车视距(m)	180	125	85	50	35	20
会车视距(m)	—	220	150	80	60	40
超车视距(m)	—	550	350	200	150	100

4.3 连续长陡纵坡路段

该典型路段一般包含：路段平均纵坡≥3%且连续纵坡坡长≥7km；平均纵坡≥4%且连续纵坡坡长≥5km；平均纵坡≥5%且连续纵坡坡长≥4km；平均纵坡≥3%且重载车辆易发生制动失效导致交通事故的路段(制动毂温度易超过260℃)。具有上坡重载车辆行驶缓慢，不同车型之间的行驶速度差大，车辆强行占道超车；下坡重载车辆制动频繁，车速过快，车辆易失控行驶等交通特征。

4.4 平面交叉路口路段

平面交叉路口路段道路交通环境复杂，易存在相交道路过多、相交角度过小、路权不明确、交通冲突点多、车辆行驶干扰大等问题，机动车、非机动车、行人在交叉口内进行频繁交叉、合流、分流等交通特征显著，驾驶员受路段视区障碍、路面摊点、占道停车等因素影响，易出现误操作。

4.5 路侧安全风险路段

路侧交通事故发生率占全部道路交通事故的1/3左右，且路侧事故所造成的伤亡人数比重要明显高于其他事故数比重，在一次死亡3人以上的特大事故中，由于车辆冲出路外坠落陡崖或桥梁的路侧事故约占特大交通事故的一半。

路侧存在的陡崖、深沟、0.5m以上的水体或填方边坡高度大于3.5m、路肩挡墙高度大于2.5m的道路条件，或防护不足的排水设施、设置不规范的护栏(端头、过渡段等)、行道树、各种杆柱(标志杆、电线杆、通信设施杆等)等设施，易加重交通事故严重程度。

路侧存在学校、房屋、公路、铁路、公交站、加油站等设施，容易造成二次伤害事故。

4.6 功能集中公路交通安全风险路段

4.6.1 旅游功能集中公路

具有公路运输与旅游服务双重功能，存在交通组成多样、车辆之间运行速度差异大且变化频繁，旅游车辆动态停车随意性大，对正常行驶车辆干扰大等交通特征。

4.6.2 其他功能集中公路

煤炭运输、农副产品运输、危化品运输、矿产品运输、大型构件运输等特定运输车辆较为集中，对安全运行有特殊需求的公路。具有特定车辆集中行驶和停放，与其他车辆间的行驶速度差异大，运输物品对周围环境或临近车辆影响大等交通特征。

4.7　公路条件变化路段

指公路线形、宽度以及周边环境发生根本性变化(如路基变窄、宽路窄桥、设计速度变化、净空不连续等)的路段，特别是在桥隧与普通路段相接部位变化更为突出。具有驾驶人不能及时调整车辆行驶状态，易发生车辆碰撞障碍物、对撞等事故的交通特征。

4.8　交通事故多发路段

道路环境条件复杂或公路使用者对路段的通行条件认识不足，在行驶过程中因驾驶人不能及时调整车辆行驶状态易导致交通事故。具有交通事故影响因素多样且发生频率较高的交通特征。

5 公路城市化路段和过村镇路段安全风险及处置方案

5.1 公路城市化路段和过村镇路段安全风险与成因

5.1.1 公路城市化路段和过村镇路段安全风险

该类路段安全风险主要体现在行驶的车辆与行人、非机动车之间的冲突。

5.1.2 风险成因

主要包括:

(1)行人随意穿越公路,警示、指示等设施不完善,驾驶人不能提前做出判断并及时调整车辆行驶状态。

(2)穿越村庄路段的车辆超速行驶。

(3)路段街道化程度高,路宅分离不清,出现机动车、非动车、行人混行并相互干扰,摊点和车辆占道、车辆进出频繁密集等现象,影响通行车辆安全行驶。

(4)路段交通设施不完善,如:路侧深边沟无盖板、排水系统不完善、未设置人行道。

5.2 公路安全生命防护工程处置对策

对于新改建公路穿越村镇时应系统考虑公路安全生命防护工程设置,有条件时宜留出路侧空间或采用多断面形式,进一步规范交通行为。对于运营公路宜采用主动预防措施,从减少横向干扰、降低行驶速度、行人与车辆分离、路宅分离、必要时设置照明设施等方面提出处置对策,见表5.2。

公路城市化路段和过村镇路段一般处置对策可参考图5.2-1布置。

公路接入口路段处置对策可参照图5.2-2布置。

表 5.2 公路城市化路段和过村镇路段分类处置对策

类 别	处置措施
横穿公路控制	1. 路口及行人集中穿行区段施画人行横道线，在到达人行横道线前的路面上设置停止线和人行横道线预告标识，配合设置人行横道指示标志，视需要增设人行道警告标志； 2. 学生集中穿行路段设置辨识度高、颜色醒目的人行横道线及相应预告、指示标志标线；设置“注意儿童”标志和“学校”辅助标志，“注意儿童”标志宜采用主动发光标志或荧光黄绿色标志底色； 3. 对于行人穿越较为密集路段，可增设过街天桥或通道； 4. 横向干扰严重的事故多发路段可设置护栏等设施，同时应考虑行人、牲畜穿越公路的路径
驶入主线控制	1. 支路视情况设置停车让行或减速让行标志及标线； 2. 通视三角区有固定障碍物时应清除，不能清除时可设置汇入交通流智能提示系统； 3. 接入口路段有条件时可在交叉口对向设置反光镜
行驶速度控制	1. 设置村庄标志、限速标志、注意行人标志等； 2. 三级、四级公路，在进村镇前路段、学校前路段、进入交叉口路段可视需要设置减速丘，事故多发的平面交叉路口需强制减速时可在支路(三级以下公路)设置减速丘，减速丘前应设置减速丘标志、标线； 3. 集市、学校位于视距不良路段时，可设置黄闪灯、信号灯等设施； 4. 事故多发的村庄路段前可设置车辆运行风险动态监测和反馈系统； 5. 易超速路段可设置减速标线、分离中心线、抬高的分隔岛等
机动车、非机动车、行人分离控制	1. 采取多断面形式，设置集散车道供集散车辆及行人使用； 2. 设置车行道边缘线； 3. 人口密集、路基宽度大于12m路段，论证可行的情况下在道路中心或车道边缘设置隔离护栏； 4. 人行道与车行道间设置隔离栏杆
路宅分离	1. 可采用绿篱或花坛、隔离栏杆等设施进行路宅分离； 2. 路侧边沟无盖板时可酌情增加盖板附隔离矮墙或设置防撞护栏； 3. 人口密集区路侧空间足够时，路侧排水设施应改造为管(沟)排水形式，管(沟)上设置人行道
路侧停靠控制	1. 应选择合适位置设置校车位，设置校车停车位标志标线； 2. 大型集市的停车场应设置停车场指引标志； 3. 村镇适宜位置设置港湾式公共汽车停靠站

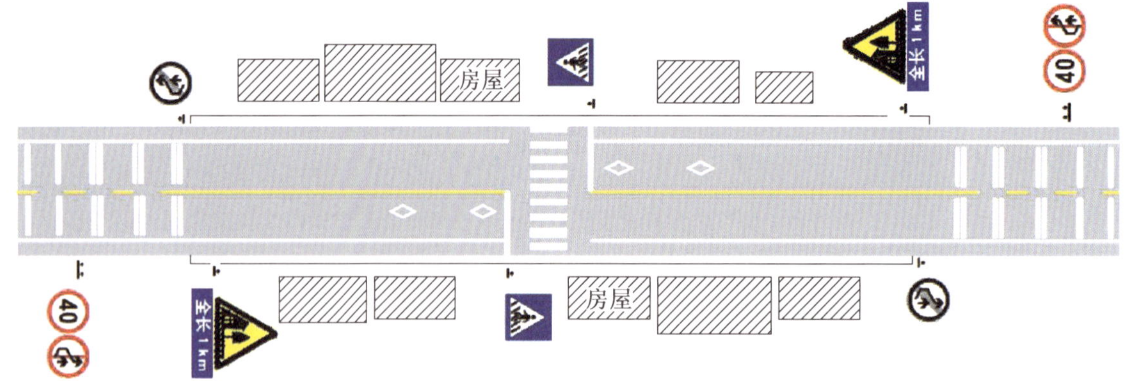

图 5.2-1　公路城市化路段和过村镇路段一般处置对策平面布置示意图

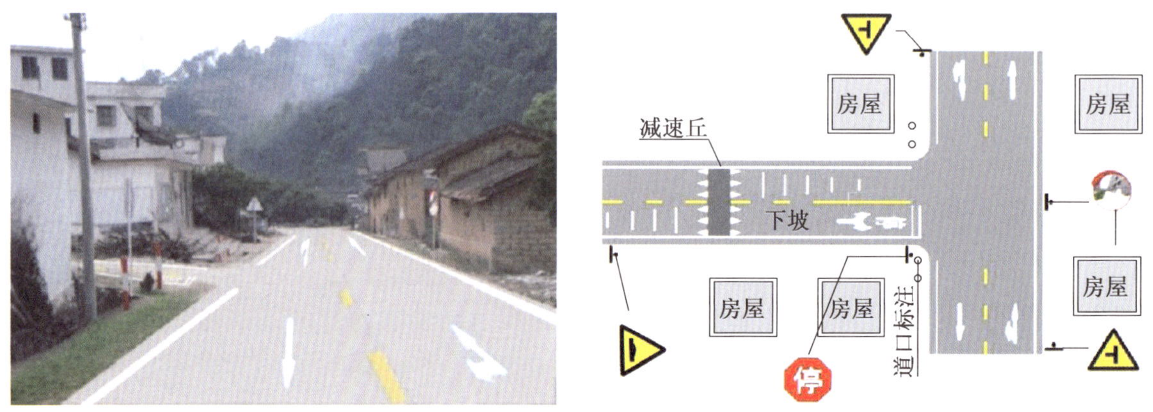

图 5.2-2　公路接入口路段处置对策示意图

公路城市化路段和过村镇路段速度控制对策实物如图 5.2-3 所示。

a)车辆运行风险动态监测和反馈系统

b)警告和限速标志

图 5.2-3　速度控制处置对策示例图

人口密集、车速快路段设置抬高分隔岛及彩色人行横道，如图 5.2-4 所示。

学校路段相关标志如图 5.2-5 和图 5.2-6 所示。

图 5.2-4　抬高分隔岛及彩色人行横道示意图

图 5.2-5　校车停车位标志与其他标志配合设置示例

图 5.2-6　校车停靠站点标志版面示意图

敞口深边沟增设盖板，如图 5.2-7 所示。

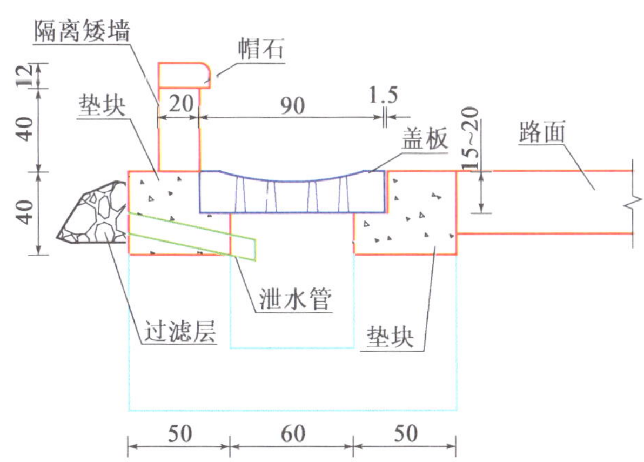

图 5.2-7　敞口深边沟增设盖板示意图(尺寸单位：cm)

边沟盖板的选择一般应根据实际情况考虑盖板承重性、透水排水性、路侧宽容性，确定盖板结构厚度、配筋、泄水孔位置和数量、板顶距路面高度等参数。盖板结构尺寸需根据上路车辆荷载确定。板顶低于路面或与路面齐平时，需设置板边企口缝及表面透水孔；板顶高于路面，邻路板端应设置泄水孔或设置雨水井。一般板顶低于路面不大于20cm，利于驶出路面车辆自行返回。盖板设计图例如图5.2-8所示。

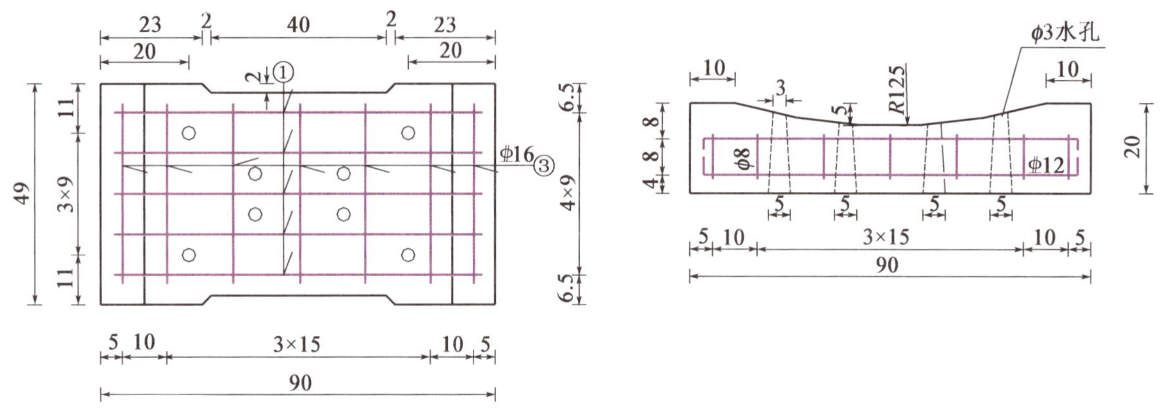

图5.2-8　盖板平立面示例图(尺寸单位：cm)

路侧排水改造为管(沟)排水形式，如图5.2-9和图5.2-10所示。

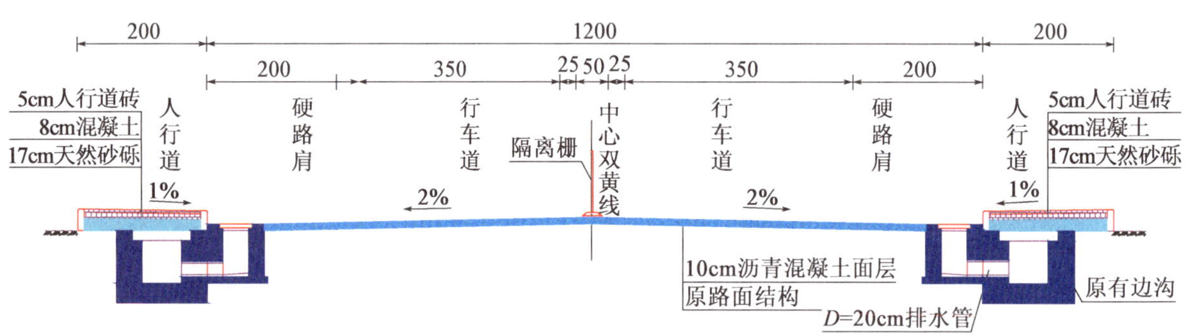

图5.2-9　矩形边沟盖板排水加人行道断面示意图(尺寸单位：cm)

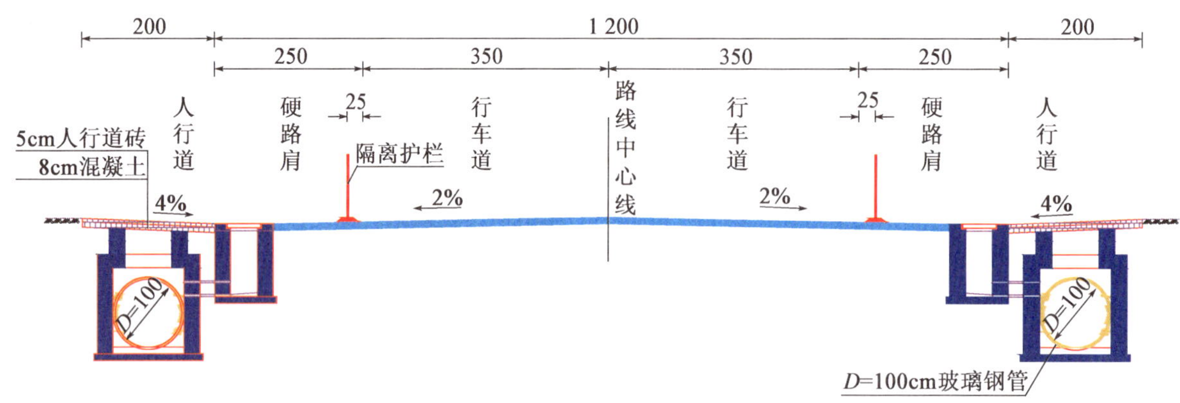

图5.2-10　暗管排水加人行道断面示意图(尺寸单位：cm)

对于街道化较为明显，居住人口密集的过村镇路段，应考虑管(沟)排水形式，且应配合设置人行道构造，利于排水，减少人行干扰影响。

5.3　处置案例

5.3.1　案例一

某路段为二级公路，设计速度40km/h，路基宽12m，双向两车道，设有2.25m宽硬路肩，路侧建筑物距离路边缘均大于3m，无路宅分离设施，村镇人口居住密集，为典型的过村镇路段，如图5.3-1所示。

图5.3-1　过村镇路段图

主要采用了如下处置对策：

(1)路侧采用管(沟)排水加人行道组合方式进行路宅分离；

(2)在车道中心线位置设置隔离栏杆，施画车行道边缘线；

(3)在道路接入主线出入口或行人习惯穿越路段施画人行横道标线、设置人行横道标志；

(4)在村庄两端设置村名牌。

上述处置对策的具体设施布置及实施后效果如图5.3-2所示。

图　5.3-2

图 5.3-2　过村镇路段处治效果图

处置对策实施后，该路段机动车、非机动车、行人通行区域界线分明，各行其道，形成有序交通，减少了混合交通的相互干扰和车辆、行人随意横穿公路现象，同时城市化街道外观使驾驶员自然进入“城市驾驶模式”，降低车速，注意行人，不乱停车占道，释放了较大的道路空间资源。

5.3.2　案例二

某路段为二级公路，设计速度 40km/h，路基宽 9m，双向两车道，设有 0.75m 宽硬路肩，路侧敞口边沟深度大于 1.0m，路侧建筑物距离边沟均大于 4.5m，无路宅分离设施，居住人口较为密集，为典型的过村镇路段，如图 5.3-3 所示。

图 5.3-3　穿村庄路段路侧深沟图

主要采用了如下处置对策：

(1)路侧边沟采用增设承重盖板加隔离矮墙的组合方式进行路宅分离；

(2)在道路接入主线出入口或行人习惯穿越路段施画人行横道标线、设置人行横道标志；

(3)施画车行道边缘线；

(4)在村庄两端设置村名牌。

上述处置对策实施效果如图 5.3-4 所示。

图 5.3-4 边沟增设承重盖板加矮墙效果图

处置对策实施后，消除了路侧边沟安全隐患，为行人车辆提供了更开阔的路侧净区，明确了路界范围，提高了公路行驶的安全性、舒适性。

5.3.3 案例三

某路段为三级公路，设计速度 30km/h，路基宽 6.5m，双向两车道，路侧建筑物距离路基边缘 0.5 ~ 1.0m，路侧无排水及路宅分离设施，为典型过村镇路段，如图 5.3-5 所示。

图 5.3-5 某过村镇路段图

主要采用了如下处置对策：

(1)路侧增设引水沟加隔离矮墙的组合形式进行路宅分离；

(2)施画路面边缘线；

(3)在村庄两端设置村名牌。

过村路段路宅分离布置如图 5.3-6 所示。

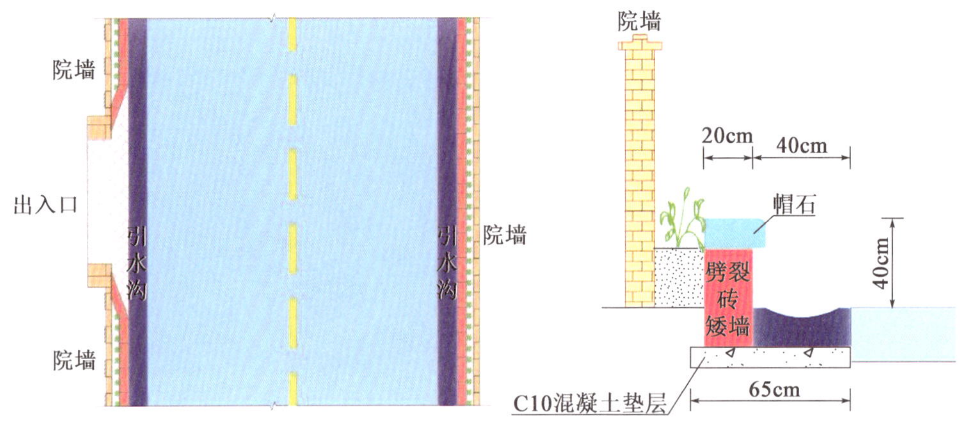

图 5.3-6　过村镇路段路宅分离布置示意图

过村路段处置效果如图 5.3-7 所示。

图 5.3-7　过村镇路段处置效果图

沿线还根据具体情况采用如图 5.3-8 所示路宅分离形式。

a)平铺式边沟与文化墙组合

b)长城垛式隔离墙

图 5.3-8　其他路宅分离示例图

处置对策实施后，明确了低等级公路行车道边界范围，完善了道路排水系统，减少了路侧障碍物干扰，美化了公路环境，提高了公路行驶的安全性、舒适性。

6 行车视距不良路段安全风险及处置方案

6.1 行车视距不良路段安全风险及成因

6.1.1 行车视距不良路段安全风险

该路段的主要风险是行驶的车辆与其他车辆、非机动车、行人及路障之间，因视距不良易发生碰撞或冲出路外的交通事故。

6.1.2 风险成因

主要包括：

(1)曲线路段内侧或平面交叉路口通视三角区范围内存在路侧障碍物，遮挡驾驶员视线，影响视距。

(2)干线公路与支路的平面交叉路口，因支路纵坡较大等原因造成视距不足。

(3)在车速过快时，驾驶人视角和视距受限。

(4)竖曲线的影响，车辆在坡底或坡顶视距不足。

(5)在夜间、雨雾等恶劣天气下，能见度较低，驾驶人或行人不能远距离视认突变的道路线形和交通标志、标线等。

(6)易造成视线障碍和视觉误差的平纵面线形组合，影响驾驶人判断路况。

①平曲线和竖曲线的大小不均衡。

一个竖曲线中包括两个或两个以上平曲线或一个平曲线中包括两个或两个以上竖曲线的情况，会失去视觉上的均衡性，影响驾驶员对路线的正确判断，如图 6.1-1 和图 6.1-2 所示。

②直线路段上的小半径凸形竖曲线之后接圆曲线或回旋线。

小半径凸形竖曲线通视长度较短，凸形竖曲线另一侧不易辨别，驾驶员通常以直线的方式继续前进，如图 6.1-3 所示。

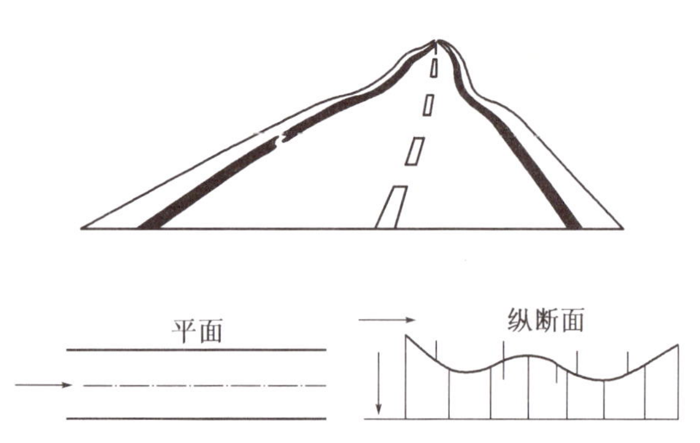

图 6.1-1　直线路段连续小半径竖曲线的驼峰视觉特征示意图

图 6.1-2　大半径曲线路段连续小半径竖曲线的视觉特征示意图

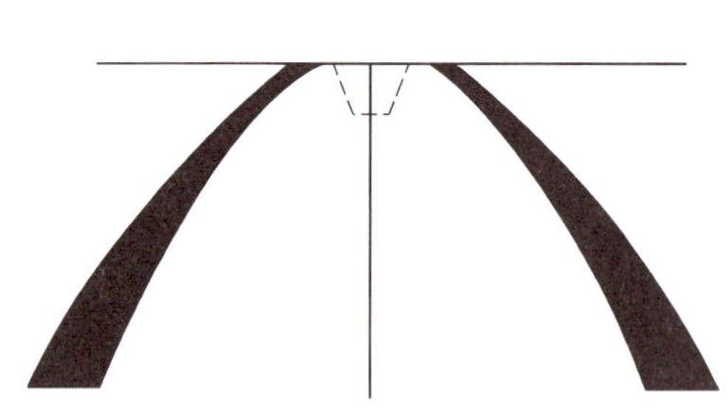

图 6.1-3　凸形竖曲线的视觉特征示意图

③平曲线和竖曲线不均衡组合或错位，易造成路面视觉偏差，如图 6.1-4 所示。

图6.1-4　平曲线与竖曲线错位示意图

6.2　公路安全生命防护工程处置对策

该路段的安全生命防护工程应加强和完善各类警告、禁令、诱导标志和标线；可通过工程措施改善视距条件的应采取工程措施予以改善；因受环境限制无法满足视距要求的应采取被动防护措施。

行车视距不良路段常见处置对策见表6.2。

表6.2　行车视距不良路段分类处置对策

类　别	处置措施
视距诱导控制	1. 系统地设置线形诱导标、轮廓标、示警柱、道口标柱等诱导设施； 2. 急弯及连续转弯路段，弯道前后设置减速标线、左(右)急弯警告标志、限制速度和解除限制速度标志等；弯道范围应施画振动型车行道边缘线和中心实线，设置警告标志，曲线外侧设置反光诱导设施； 3. 对于易造成视线障碍和视觉误差的平纵面线形组合路段可设置视线诱导标、视线遮挡物等措施治理； 4. 提高线形与景观协调，利用景观诱导视距； 5. 视距不良但路侧危险程度不大路段设置示警桩
改善控制	1. 应清除弯道内侧或交叉口处视距障碍物(如：修剪弯道内侧植物、修建视距平台等)； 2. 对于事故多发的视距不良路段，可视情况进行改线； 3. 三级以下公路可设置凸面反光镜，并在路段前设置“鸣喇叭”标志
驾驶行为控制	1. 设置与道路交通环境相适应的限制速度标志、解除限制速度标志或建议速度标志； 2. 会车视距不足路段，施画中心实线或振动型中心实线； 3. 超车视距不足路段，施画中心实线，设置禁止超车标志、解除禁止超车标志； 4. 连续下坡路段在进入视距不良弯道前一定距离内，设置横向减速振动标线； 5. 有非机动车、行人横穿时，应提前设置横向减速振动标线及注意行人标志

续上表

类　别	处置措施
失控车辆控制	1. 连续下坡的中、下部视距不良路段，路侧护栏防护等级宜提高1个等级，护栏立柱粘贴反光膜； 2. 视距不良的曲线外侧山体、护栏表面可设置缓冲构造(如废旧轮胎、砂石堆等)

行车视距不良路段一般处置对策布置如图6.2所示。

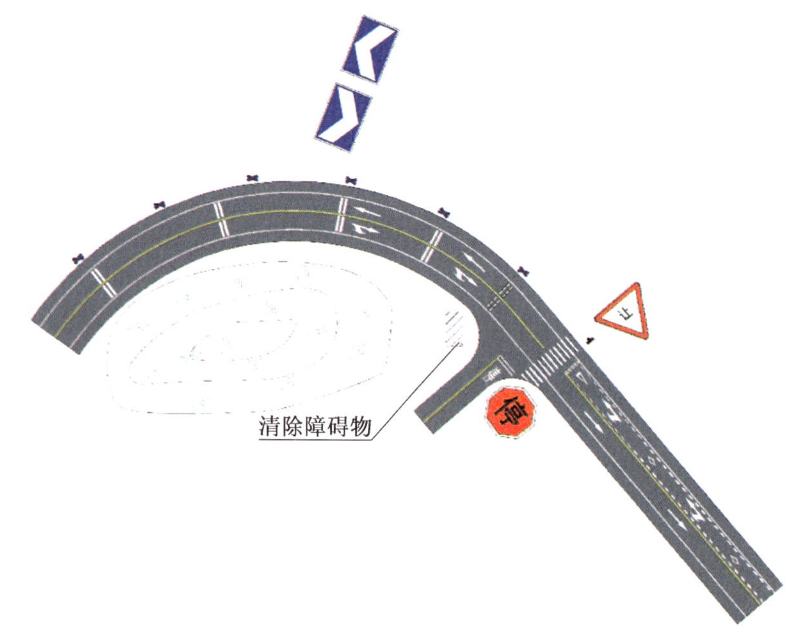

图6.2　一般处置对策布置示意图

6.3　处置案例

6.3.1　案例一

某路段为三级公路，设计速度30km/h，路基宽6.5m，双向两车道，该路段位于左转曲线范围内，曲线半径60m，曲线外侧为临河路堤，曲线内侧陡峭山体影响视距，如图6.3-1所示。

采用如下主要处置对策：

(1)曲线内侧开挖视距平台，设置平铺式浅边沟加隔离矮墙；

(2)曲线外侧加宽陪填土路肩，设置波形梁护栏及视线诱导标志；

(3)曲线路段施画振动型车道中心实线和车行道边缘线；

(4)进出曲线段设置急弯警告标志，建议设置速度标志，施画减速标线。

该急弯路段处置后效果如图6.3-2所示。

图 6. 3-1　急弯视距不良路段图

图 6. 3-2　急弯视距不良路段处置效果图

处置对策实施后，有效地改善了该弯道路段的视距条件，完善了路面排水系统，加大了路侧净区，降低了车辆冲出路基的风险。

6. 3. 2　案例二

某路段为山区二级公路，设计速度 40km/h，路基宽 9m，双向两车道，临近景区，位于 200m 半径的曲线路段，曲线内侧山体陡峭、高大，局部遮挡视距，曲线外侧为沿河路堤(绿化覆盖)，易发生车辆冲出路外和对撞事故。采用如下处置措施：

(1)施画振动型中心实线和车行道边缘线；

(2)曲线前后设置视错觉立体减速标线；

(3)路侧设置 A 级波形梁护栏，护栏立柱每隔 8m 粘贴一道反光膜。

实施效果如图 6. 3-3 所示。

处置对策的实施，车行道边缘线突显了公路线形，立体减速标线警示进入弯道车辆减速，振动型标线对偏离行车道车辆及时提醒，有效地减少弯道处对撞事故，护栏设置对失控车辆起到良好的被动防护作用。

图 6.3-3　视距不良弯道路段处置效果图

7 连续长陡纵坡路段安全风险及处置方案

7.1 连续长陡纵坡路段安全风险及成因

7.1.1 连续长陡纵坡路段安全风险

主要包括：

(1)重载货车下坡行驶时，容易因制动性能衰减或失效导致交通事故。

(2)平纵线形组合不良、线形连续性欠佳的下坡路段，重载车辆易失控。

(3)车辆上坡行驶时速度差大，占道超车易导致对向车辆相撞。

(4)冬季积雪期易发生车辆追尾、侧滑、冲出路外等事故。

7.1.2 风险成因

(1)在连续纵坡路段行驶，下坡时重载货车驾驶人由于受坡顶初始速度和重力坡度分力的影响，行驶一段时间后下坡速度会越来越快，为控制车辆速度，驾驶人不得不频繁采取制动措施，从而导致制动器温度上升，出现制动热衰减，严重时制动失灵，车辆失控。

(2)平纵线形组合不良、线形连续性欠佳的下坡路段，重载车辆控制困难，高频率的启、制动操作过程易使车辆出现故障。

(3)上坡时重载货车载重量大，动力性能差，车速较低，易造成“压车”，导致较多的占道超车现象。

(4)冬季积雪期，路面摩擦系数降低，车辆制动、启动、转弯时更易出现轮胎打滑。

7.2 公路安全生命防护工程处置对策

应坚持“主动防护到位，被动防护有力”的原则，在采用各类交通标志、标线，以及进行告知警示、速度控制、视线诱导的同时，也应采用各类工程措施进行路侧防护、视距改善，做到“防得着”和“防得住”。

公路连续长陡纵坡路段一般处置对策见表7.2。

表7.2　公路连续长陡纵坡路段处置对策

类　别	处置对策
驾驶行为控制	1. 设置连续下坡警告标志和禁止空挡行驶标志；采用辅助标志标明连续下坡长度，或使用告示牌说明连续下坡信息。 2. 可设置长陡下坡制动器温度预警系统，由信息板警示。 3. 平纵指标低路段设置轮廓标、线形诱导标等。 4. 在小半径曲线路段施画振动型中心实线或鱼肚皮式双黄实线，施画车行道边缘线，曲线前后设置禁止超车标志和解除禁止超车标志
失控车辆控制	1. 路侧设置相应防护等级的护栏；在连续下坡的中、下部路段，护栏宜提高一个防护等级设置。 2. 连续下坡末端接村庄或接小半径曲线路段前应根据地形条件设置混凝土护栏、防滑路面、路侧缓冲带等。 3. 经论证后可设置避险车道及相应标志、标线及防护设施。 4. 设置监控设施
速度控制	1. 在小半径曲线、平面交叉口等事故多发路段，路段前设置横向减速振动标线、减速路面、防滑路面等。 2. 进行合理限速，设置相应标志
事故预防控制	1. 当载重货车比例超过20%时，应在连续下坡路段的顶部或中上部设置停车区，或视情况设置紧急停车带、检修车道等。 2. 事故多发曲线路段应加宽曲线内侧路面宽度。 3. 冬季易积雪路段可采用自融雪路面技术或增设雪棚等设施。 4. 在满足排水功能条件下，矩形边沟宜改造为浅边沟形式

一般情况应设置相应的警告、禁令、指示、指路标志，及时为驾驶员传递道路信息，引导驾驶人进行正确操作，经论证后可设置避险车道，如图7.2所示。

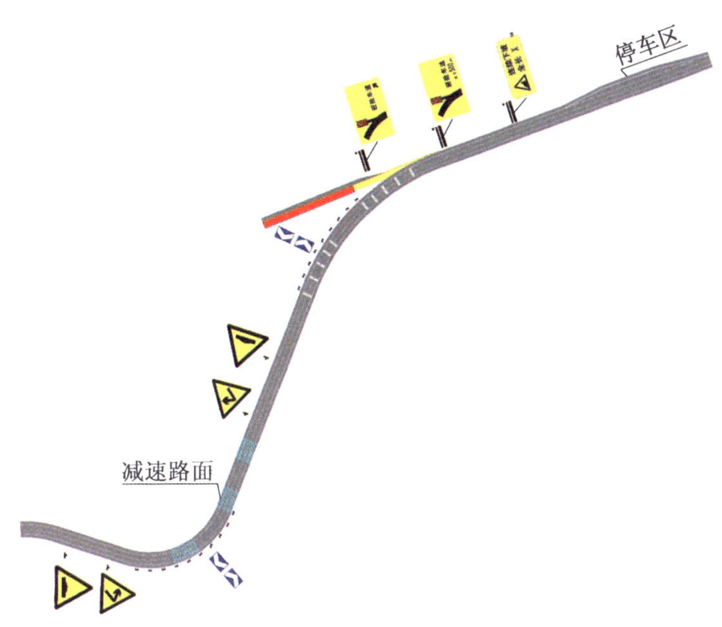

图 7.2 连续长陡纵坡路段常用措施一般布置示意图

7.3 处置案例

7.3.1 案例一

某路段为山区二级公路，设计速度 40km/h，路基宽 9.0m，双向两车道行驶。连续纵坡长度约5.6km，路线高差205m，最大纵坡7%，平均纵坡3.6%，是典型的连续长陡坡路段。该路段存在平曲线指标不均匀、景区路口交角小且进出车辆与主路车辆冲突大、冬季积雪、客货车辆混行等特点，其中 K60+700 ~ K60+800 处为弯道，与进出景区道路平交，此处经常发生失控货车撞向路侧山崖或冲出高填方路基，甚至与对向车辆碰撞的事故。经与部分事故车辆驾驶人座谈交流，事故主要成因为重载车辆驾驶员频繁使用制动，造成制动系统性能降低直至失控。该长陡纵坡路段近三年来交通事故伤亡人数为 19 人。

采取的主要处置对策如下：

1)冲突点处置

K60+700 处原平交路口利用高填方路段改为立体交叉，车辆交叉点移至平缓路段，并改移至右侧，设置左转专用车道，消除上行左转车辆与下行主流直行车辆冲突点，如图 7.3-1 所示。

a)处置前道路条件

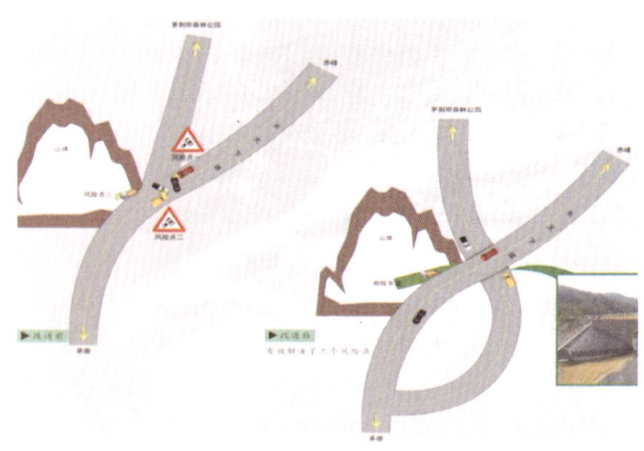

b)处置方案示意图

c)处置后平面

d)支路线位改移设置的钢波纹管通道

e)改移接入点支路

图 7. 3-1　长陡下坡平面交叉冲突点处置示例图

2)设置停车区、观景台

在上游区域 K61 +100 ~ K61 +200 以及 K61 +770 ~ K61 +910 处增设停车区及观景台，方便车辆检修和降温，并设置配套的预告、告知标志，如图 7. 3-2 所示。

停车区、观景台的设置方便了车辆停车检修及制动系统降温，在旅游车辆交通量较大的节假日期间，也发挥了较大的停车作用，进一步提升了公路服务水平，更好地满足了公众安全、舒适、便捷的出行需求。

a）停车区（检修车道）设置

b）观景台设置

图 7.3-2　设置停车区及观景台示意图

3）设置避险车道等交通安全设施

在 K60 +900 处设置避险车道供失控车辆使用，在 K60 +750 ~ K61 +000 高填方、陡坡、急弯路段路侧设置 SB 级混凝土防撞护栏及线形诱导标，增设监控设施，及时发现事故并进行处置，如图 7.3-3 所示。

a）避险车道设置

图　7.3-3

b)护栏、线形诱导标、减速标线、监控设施

图 7.3-3 交通安全设施完善提升示意图

避险车道供制动失效车辆主动驶离主线并减速停车，可有效控制驶入速度 100km/h 的失控车辆；监控系统后端存储、控制及显示设备设在附近养护中心，对避险车道进行实时监控，可及时发现驶入避险车道车辆，并及时通知救援人员、使设备到达现场实施救援。

4)积雪冰冻路段防滑处置

K60 +430 ~ K62 +620 急弯及路堑积雪路段采用自融雪路面结构，如图 7.3-4 所示。

图 7.3-4 自融雪路面试验段

自融雪路面在下雪期间能够有效防止和延缓路面的冰冻，普通路面的积雪在车辆碾压后铲除困难，易损坏路面，而自融雪路面有明显改善功能，降雪量较少时路面积雪可迅速融化，降雪量较大时与路面接触处冰雪可自行融化，除雪较为容易。

5)路侧边沟改造为浅边沟

原部分路段，尤其在弯道路段设置的矩形边沟(图 7.3-5)，当雨雪天气或车辆超车时易出现车辆侧滑或避让过度情形，导致车轮卡入边沟，甚至侧翻。

实施改造浅边沟措施，提高路侧宽容性，利于事故车辆自行返回车行道，减少车辆损伤，如图 7.3-6 所示。

图 7.3-5　路侧深边沟

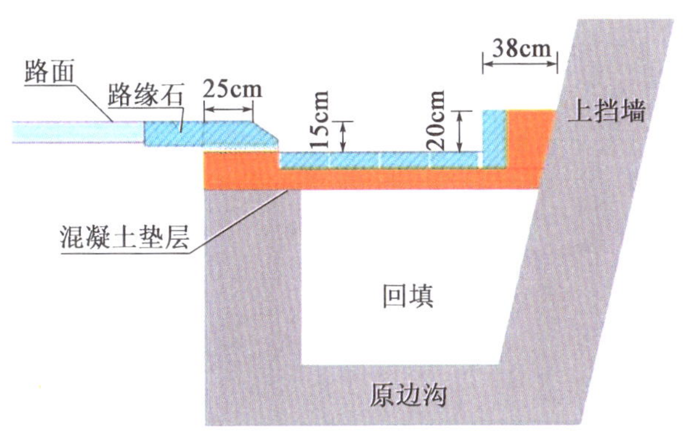

图 7.3-6　路侧深边沟改浅边沟实施效果图

6)连续下坡末端小半径曲线段综合处置

该长陡纵坡路段终点接 220m 半径右转曲线，曲线起点位置左侧为一乡道平交路口，曲线左侧为山体，右侧为高度大于 4m 的高路堤，如图 7.3-7 所示。失控车辆与平交口进出车辆、对向车辆相撞，冲撞左侧山体，避让车辆冲出右侧高路基等事故均有发生。

a) 下坡方向

b) 上坡方向

图 7.3-7　连续下坡末端接小半径曲线段

采取的处置对策如下：

(1)路线左侧平交口前后增加分、汇流车道，利于驶出车辆迅速安全驶离或汇入主线，同时加大路面宽度，利于车辆避让。

(2)小半径曲线处施画振动型中心实线及车行道边缘线，曲线外侧设置视线诱导标，完善急弯警告标志。

(3)下行路面设置彩色防滑路面，利于车辆降速，提醒车辆注意。

(4)路基两侧增设混凝土防撞护栏。

(5)曲线外侧防撞护栏外设置缓冲带。

设计方案及实施后效果如图7.3-8和图7.3-9所示。

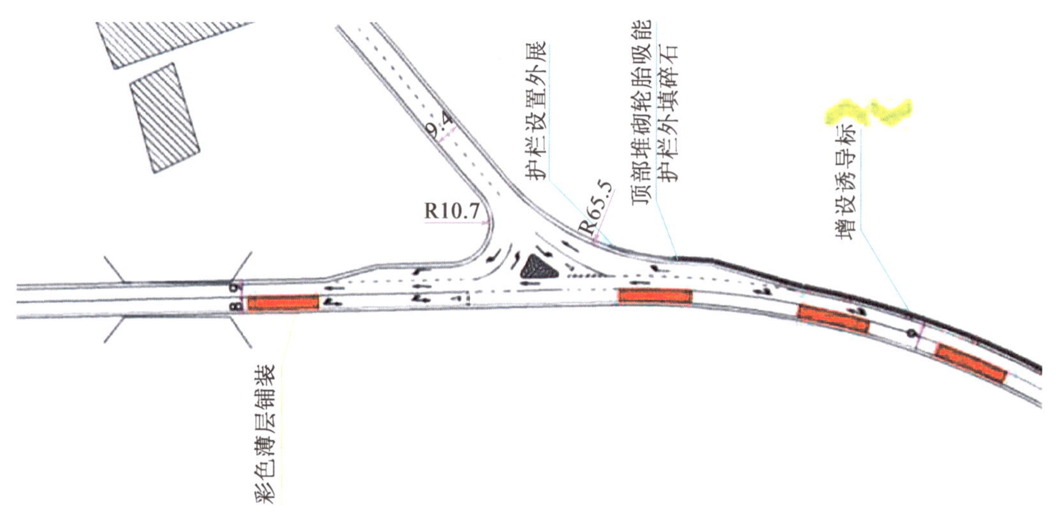

图7.3-8　连续下坡末端接小半径曲线设计方案图

a)下坡方向

b)上坡方向

图7.3-9　连续下坡末端接小半径曲线段处置效果图

处置对策的实施，增加了连续下坡末端平交口分、汇流车道，降低了进出车辆干扰；连续下坡末端小半径曲线段彩色防滑路面起到提醒和辅助减速作用；路侧防护及缓冲带，有效地降低了事故损失。

7.3.2 示例二

某三级公路，设计速度30km/h，路面宽6.0m，路基宽7m，双向两车道，局部越岭段长约1.5km，最大纵坡7%，平均纵坡5%，连续下坡末端接35m小半径左转曲线，曲线路段纵坡4%，下坡机动车辆及非机动车辆易出现侧滑或转弯不及时等状况而冲出行车道，曲线外侧路基高2.0~3.0m，原有示警墩已撞毁，如图7.3-10所示。

a)上坡方向

b)下坡方向

图7.3-10 三级公路连续下坡末端接小半径曲线段

考虑该路段公路等级低，重载车辆较少，为节约资金、减少占地，采用如下处置对策：

(1)进入曲线前增设限速标志及横向减速振动标线；

(2)曲线位置施画振动型中心实线；

(3)曲线前小桥及路基右侧设置A级波形梁护栏；

(4)曲线段曲线外侧沿下边坡坡脚砌筑路堤外挡墙，墙顶高于路面30cm，顶面设置A级混凝土防撞护栏；

(5)路堤外挡墙与路面形成的三角区内填充豆砾石，顶面高于路面30cm；

(6)沿混凝土护栏内侧，于豆砾石顶面设置防撞砂筒。

实施后效果如图7.3-11所示。

图7.3-11 三级公路连续下坡末端接小半径曲线段实施后效果图

处置对策的实施，减速振动标线及线形诱导装置警示下坡车辆减速慢行，注意弯道；缓冲带辅助失控车辆减速，降低事故车辆损失。

7.3.3 示例三

某二级公路的连续下坡路段，设计速度 40km/h，路基宽 9.0m，双向两车道，连续纵坡长 6.5km，平均纵坡 3.6%，平曲线最小半径 60m，重载车辆集中，车辆连续制动导致制动失效事故多发，如图 7.3-12 所示。

图 7.3-12 下坡路段超车占道示例图

考虑该路段线形指标较低，车速较慢的特点，采取如下处置对策：

(1)急弯路段前设置横向减速振动标线；

(2)利用曲线外侧空间加宽路基路面，设置错车道；

(3)临近连续下坡末端事故多发段前设置避险车道。

设计方案及实施后效果如图 7.3-13 和图 7.3-14 所示。

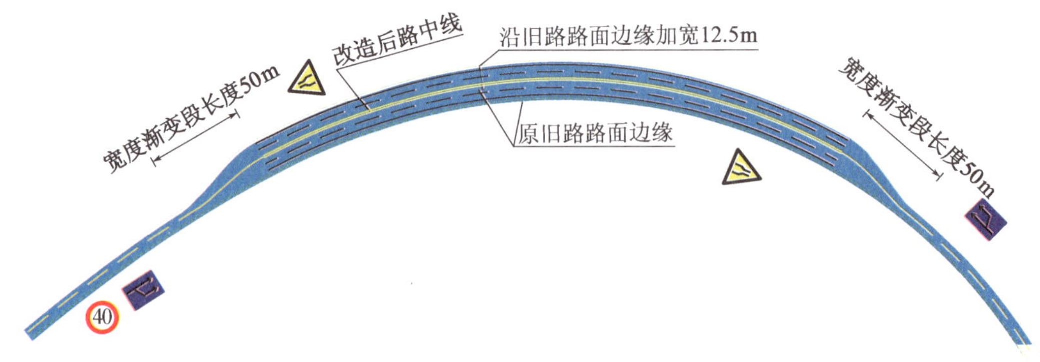

图 7.3-13 路侧增设错车道设计图

图 7. 3-14　路侧增设错车道、停车带示例图

处置增设的路侧净区，使上、下行行驶的车辆有更为宽裕的空间应对突发事件，为下行重载车辆提供停车降温、检修空间，有效减少了因车辆制动失效造成的交通安全事故。

8 公路平面交叉路口安全风险及处置方案

8.1 公路平面交叉路口安全风险与成因

8.1.1 平面交叉路口安全风险

普通公路60%的交通事故发生在平面交叉路口段，同时极易出现交通阻塞现象。主要安全风险表现为平面交叉路口范围内交织点密集，车辆、行人无序抢行等因素导致的交通事故。

8.1.2 风险成因

(1)视距不足。受公路主线平纵面线形、被交路接入纵坡及路侧障碍物等因素影响，在通视三角区范围内，驾驶人视线易被公路路基、行驶车辆、障碍物等遮挡，无法辨识交叉点及被交路车辆及行人情况。视距不足实例如图8.1-1所示。

a)交叉路口主线视角

b)交叉路口被交路视角

图8.1-1 视距不足实例图

(2)路权不明确。平面交叉未设置路权控制设施，未明确主次交通流路权，可认为路权不明确，如图8.1-2所示。

(3)交叉路口物理区面积过大。驾驶人难以在短时间内了解交叉口的交通组织方式，车辆行驶轨迹尤其是转弯轨迹不能得到很好的规范，冲突区域不固定，容易导致车辆转弯速度过快。满足以下条件之一时，可认为交叉面积过大：

①设置转角交通岛的交叉，锐角或直角转角半径大于60m；

②无转角交通岛的交叉，锐角或直角转角半径大于25m；

③被交路为双车道公路时，对向停止线沿道路方向距离大于25m；

④被交路为四车道一级公路时，对向停止线沿道路方向距离大于50m。

图8.1-2 路权不明确实例图

图8.1-3为设置转角交通岛的交叉口，转角半径过大导致交叉口面积过大的实例。

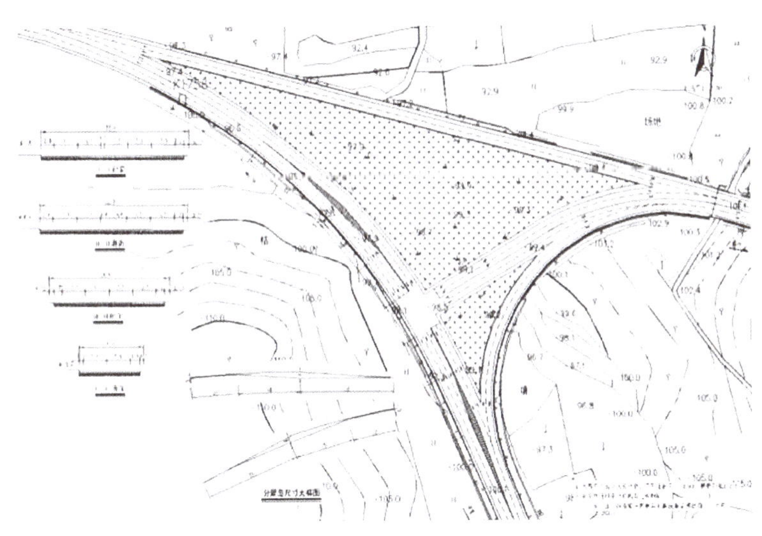

图8.1-3 交叉口面积过大实例图

(4)在公路改建时因新旧路分离、利用地方道路、地形及构造物干扰等原因导致平面交叉角度过小从而引起视距不足，交织段过长等问题。图8.1-4为交叉角度过小实例。

图 8. 1-4　交叉角度过小交叉实例图

8. 2　公路安全生命防护工程处置对策

对安全风险较高的公路平面交叉路口进行改造时，应从保证公路通行能力、减少交通延误和提高行车安全性等方面综合考虑，使改造后的平面交叉路口趋于简单，路权明确，减少交叉，便于驾驶人操作。主要处置对策包括：改善平交路口视距，平交路口渠化改造，平交路口面积合理化，调整平面交叉及相邻路段线形，平交路口改造立体交叉等。一般处置对策见表 8. 2-1。

表 8. 2-1　平交路口安全风险分类处置对策

类　别	处 置 措 施
通行条件控制	1. 拆除通视三角区范围遮挡构造物； 2. 缩小转角曲线半径、缩短对向停车线间距、设置交通岛； 3. 调整交叉角度接近直角； 4. 支线以较大纵坡与主路交叉时，支路设置不小于 25m 的顺接段； 5. 事故多发交叉路口可采用彩色防滑路面与人行横道配合设置的方式，提高人行横道的视认性； 6. 在村镇平交路口路段设置照明
速度控制	1. 在支路(三级、四级公路)上设置减速丘和停车让行标志、标线，强制车辆在进入主线前减速； 2. 主线临近交叉口设置纵向减速标线、横向振动减速标线等设施； 3. 急弯且视距不良路段平面交叉口、事故多发的无信号控制平面交叉口宜设置黄闪灯

续上表

类　别	处 置 措 施
路权控制	1. 通过标志、标线等措施使每个交织点只能有一股交通流具有优先通行权； 2. 优先考虑为主要公路交通流分配通行权； 3. 相交道路流量较大时可考虑采用信号控制、环形控制或互通式立交分配相交道路路权； 4. 一级公路间交叉，通过设置转角交通岛、专用转弯车道等措施进行渠化交通组织，并采取信号控制的管理方式或采用立体交叉方式进行交通组织； 5. 一级、二级公路间交叉，通过设置转角交通岛、专用转弯车道、主流单向优先立体交叉等措施进行渠化交通组织，可选择信号控制或主路优先的管理方式或采用立体交叉方式进行交通组织； 6. 一级、二级公路与三级、四级公路交叉，通过设置加铺转角、专用转弯车道等方式组织交通，可选择信号交叉或主路优先的管理方式或采用立体交叉方式进行交通组织； 7. 三级、四级公路之间交叉及三级、四级公路上村庄出入口，通过设置加铺转角方式组织交通，选择主路优先的管理方式

8.2.1 改善平交路口视距

根据现行规范有关通视三角区要求，平面交叉路口范围内均应消除对三角区视距遮挡现象。对于现有公路受公路条件限制无法消除三角区视距遮挡现象的，应采取一定处置对策降低安全风险。

(1)对于因公路平纵面线形、不可移除的遮挡物等因素无法消除三角区视距遮挡情况的，可视情况采取以下处置对策。

①对未进行渠化的小型支路口，可视情况在主路设置中央隔离禁止车辆左转，完善相应标志、标线，同时在支路口位置设置人行横道和导向箭头等设施。

②事故多发的交叉口可采用彩色防滑路面与人行横道配合设置的方式，提高人行横道的警示和视认效果。

③在支路(三级、四级公路)上设置减速丘和停车让行标志与标线，强制车辆在进入主线前减速。

(2)可通过工程措施改善平交路口视距的路段存在以下两种情形。

①对于通视三角区内遮挡物可清除或部分清除的，应及时清除。

②对于支路以较大纵坡连接主线的情况，优先采用调整支路纵断面线形的方式予

以解决，使支路紧接平交路口的部分引道应以0.5%～2.0%的上坡连接主要道路。支路纵坡调整方案如图8.2-1所示。

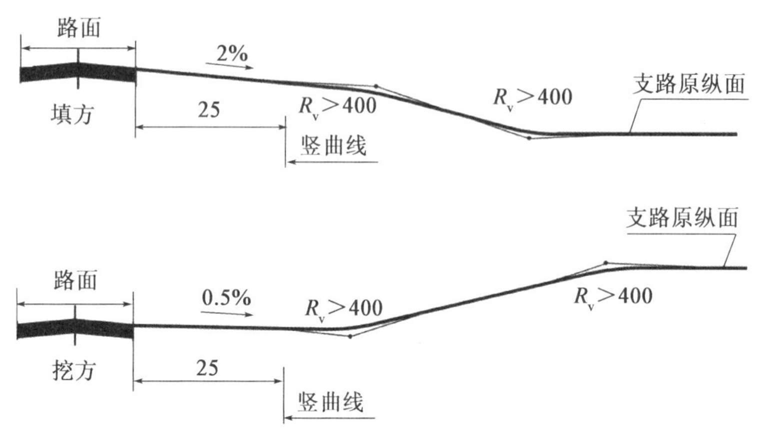

图8.2-1 支路引道纵坡(尺寸单位：m)

对于城区路段引道纵坡较大的支路口，改变支线纵断面线形会导致路面高于路侧居民或店铺的地面高度，实施难度较大，可以主线警示和支线速度控制的方式予以改善。

8.2.2 平面交叉路口合理分配路权

明确并合理分配路权是解决交通冲突的关键措施，设计时应遵循以下原则：

(1)宜明确交叉范围内所有交通冲突点的路权，为冲突交通流分配合理的优先通行次序，使得车辆能够安全地通过平交路口。每个冲突点只能有一股交通流具有优先通行权，其余交通流的车辆必须在冲突点前减速或停止避让具有优先通行权的车辆。在进行路权分配时，应优先考虑为主要公路交通流分配通行权。

(2)信号控制平面交叉口主要路权通过信号控制，从时间上进行分配。在信号控制不能有效划分路权的局部区域，应通过设置停车让行或减速让行标志、标线等路权分配设施明确路权。

(3)非信号控制的平面交叉口应先确定主要公路和次要公路，然后为主要公路分配“优先通行权”，对次要公路的交通实施停车让行或减速让行控制，如图8.2-2所示。

(4)在右转交通流与直行交通流汇流点的前方应设置减速让行标志和标线，明确右转车辆避让直行车辆，如图8.2-3所示。环行交叉口应在交织环外侧入环位置设置减速让行标志和标线，明确入环车辆让行环内车辆。

(5)相交公路技术等级和行政等级相同时，应以高峰小时流量为依据确定相交公路路权，对流量较小的入口实施减速让行或停车让行控制。若相交道路流量较大，经通行能力分析采用减速让行或停车让行控制不能满足通行需求时，可考虑采用信号控制或环形控制分配路权。

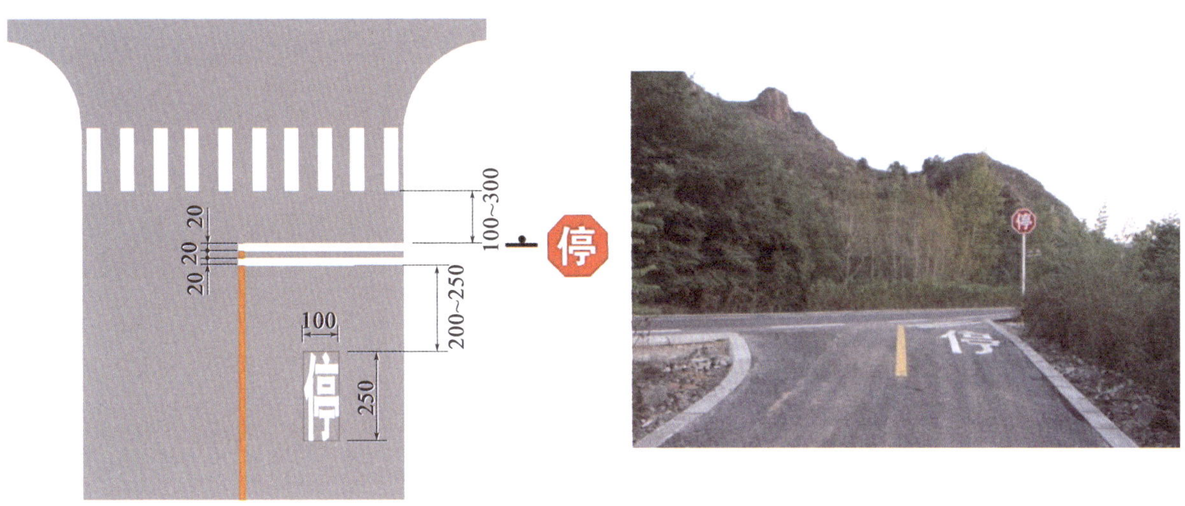

图 8.2-2　停车让行标志设置示意图(尺寸单位：cm)

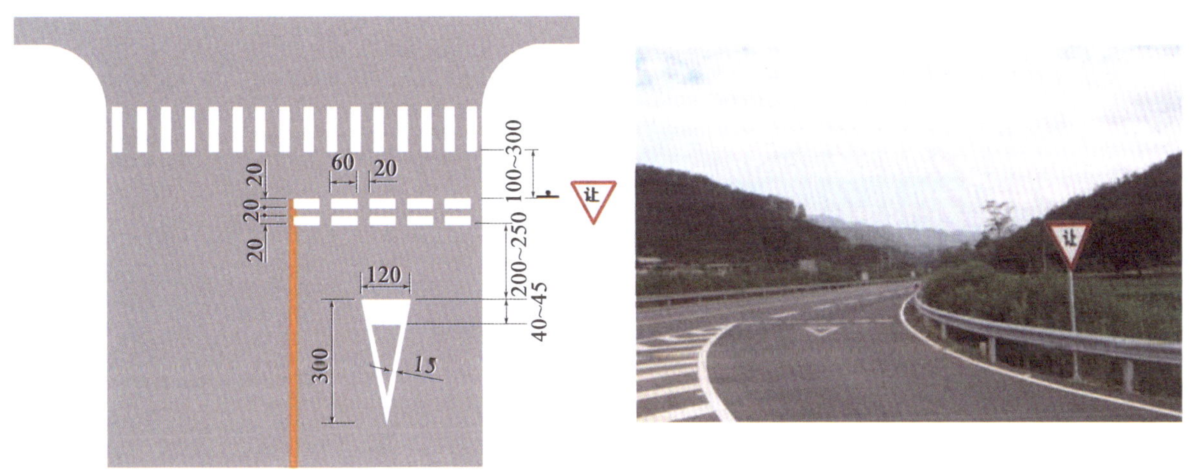

图 8.2-3　减速让行标志位置示意图(尺寸单位：cm)

8.2.3　平交路口面积合理化

对于面积较大的交叉口，应通过工程手段缩减其面积，尽量缩短车辆通过交叉口所需时间。

1)缩小转角曲线半径

设置转角交通岛的平面交叉，直角或锐角转角半径大于60m时，应通过减小转角半径缩减交叉面积。

2)缩短对向停车线间距

被交路为双车道公路时，对向停止线沿道路方向距离不宜大于25m；被交路为四车道一级公路时，对向停止线沿道路方向距离不宜大于50m。对于不满足此条件的平面交叉，应通过向前平移停止线的方式缩减交叉物理区面积。对于转角半径过大导致人行横道过长的问题，可设置转角交通岛，并将转角交通岛作为行人安全岛。

3)设置交通岛划除正常行驶车辆不通行的区域

对于交叉口物理区过大、不能有效规范车辆轨迹，又不具备停止线前移条件的交叉口，可通过设置交通岛划除正常行驶车辆不通行的区域。

8.2.4 平面交叉路口交叉角度调整

调整平面交叉及相邻路段线形，使交叉角接近直角，以消除视距不足、交织段过长等问题。根据偏角大小可扭正平交口，分以下两种情形：

(1)交叉角度小于70°可认为交叉角较小，宜进行扭正。

(2)交叉角度小于45°可认为交叉角过小，应进行扭正。

不同形式平面交叉路口交叉角度调整的方式可参考《公路路线设计规范》(JTG D20)有关内容采用。

受条件限制不能调整交叉角度的平交路口，可采取提醒主线车辆注意，强制被交路停车让行等措施进行治理。

8.2.5 平交路口交叉分级处置

1)平交路口交叉分级与处置

根据相交公路的公路功能、技术等级、交通量等分级制定不同的管理方式和处置方案，平交路口的交叉分级与处置见表8.2-2。

表8.2-2 平交路口交叉分级与处置方案

<table>
<tr><th colspan="2">分　级</th><th>相交道路等级</th><th>管理方式(选其一)</th><th>处置方式</th></tr>
<tr><td rowspan="3">A级</td><td>A1</td><td>一级与一级</td><td>信号交叉</td><td rowspan="3">交通岛专用转弯车道</td></tr>
<tr><td>A2</td><td>一级与二级</td><td rowspan="2">信号交叉主路优先</td></tr>
<tr><td>A3</td><td>二级与二级</td></tr>
<tr><td rowspan="2">B级</td><td>B1</td><td>一级与三级、四级</td><td rowspan="2">主路优先信号交叉</td><td rowspan="2">加铺转角专用转弯车道</td></tr>
<tr><td>B2</td><td>二级与三级、四级</td></tr>
<tr><td rowspan="2">C级</td><td>C1</td><td>三级、四级公路与三级、四级公路</td><td rowspan="2">主路优先</td><td rowspan="2">加铺转角</td></tr>
<tr><td>C2</td><td>村庄出入口</td></tr>
</table>

2)平交路口交叉分级处置示例

(1)A级交叉处置方案示例。A级交叉中的A1、A2和A3级交叉处置方案示例分别如图8.2-4~图8.2-6所示。

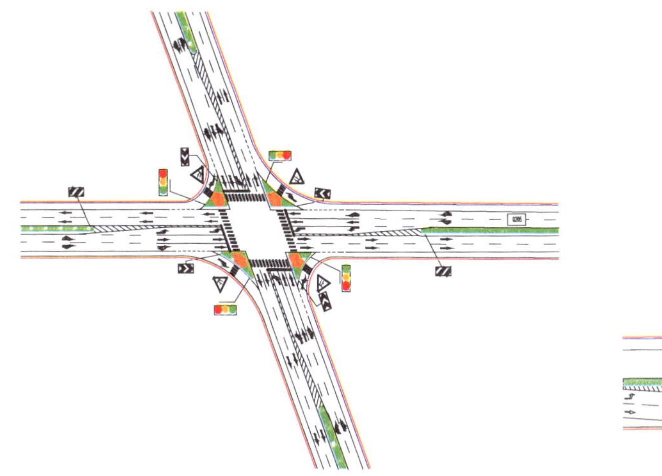

图8.2-4 A1级交叉处置示例图

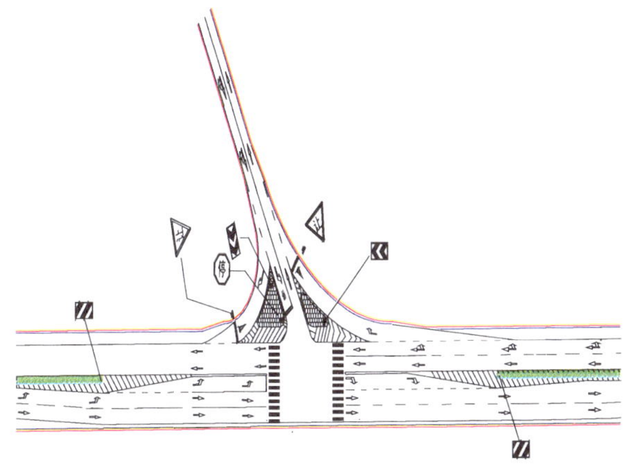

图8.2-5 A2级交叉处置示例图

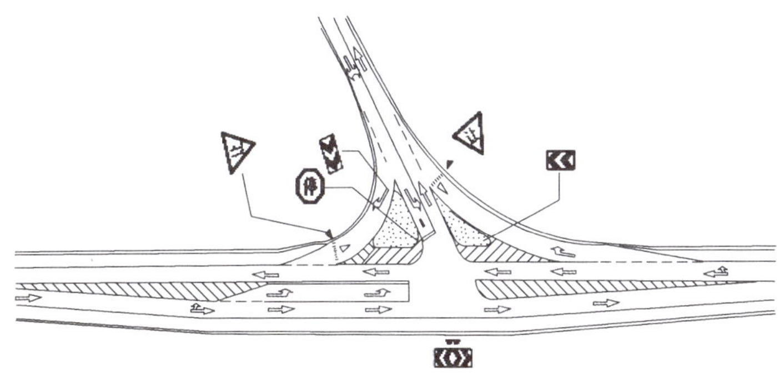

图8.2-6 A3级交叉处置示例图

(2)B级交叉处置方案示例。B级交叉中的B1、B2级交叉处置方案示例分别如图8.2-7和图8.2-8所示。

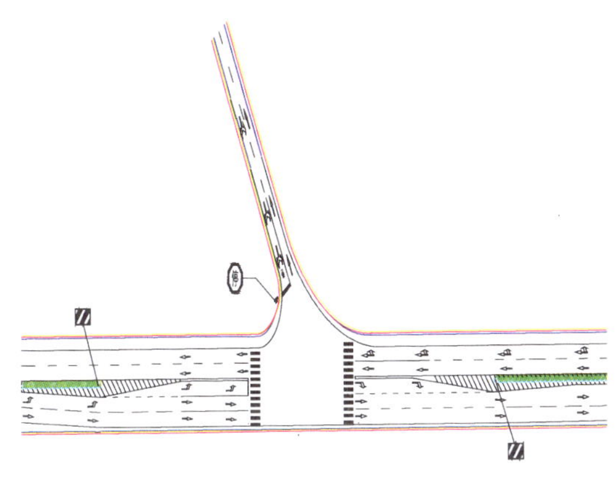

图8.2-7 B1级交叉处置方案示例图

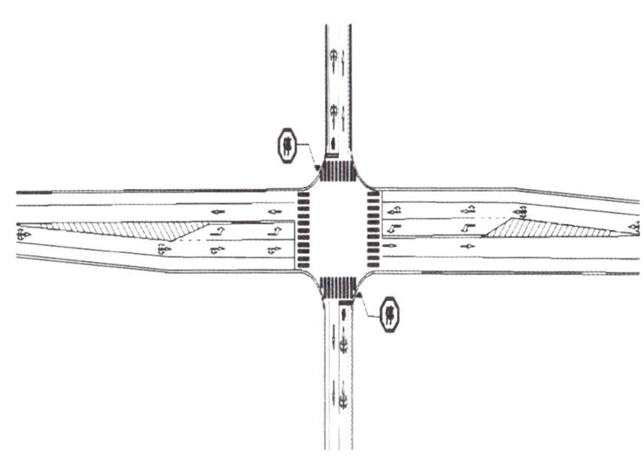

图8.2-8 B2级交叉处置方案示例图

(3) C 级交叉处置方案示例。C 级交叉中的 C1、C2 级交叉处置方案示例分别如图 8.2-9 和图 8.2-10 所示。

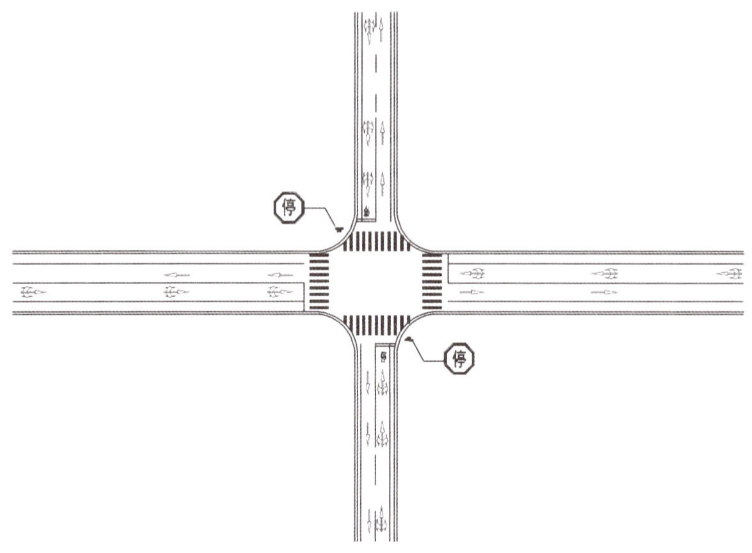

图 8.2-9　C1 级平面交叉处置示例图

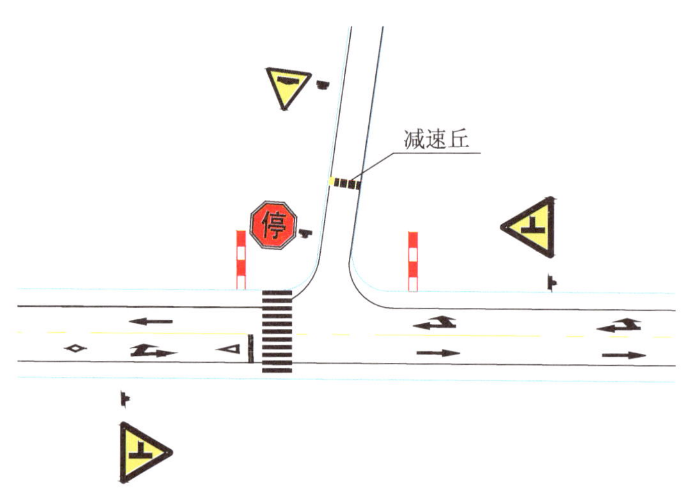

图 8.2-10　C2 级交叉处置示例图

8.2.6　平交路口改造为立体交叉

对于各级公路间交叉的主交通流方向或安全事故多发的交通流方向，在充分分析交通组成、交通流量、交通环境、安全风险等因素后，具备设置或改造立体交叉的条件时，应优先采用互通式或半互通式立体交叉，如图 8.2-11 所示。

图 8. 2-11　可改造互通式立交的道口

8. 3　处置案例

8. 3. 1　案例一

某国道上跨县道，县道在通道两侧修建支路与国道形成十字平面交叉。国道设计速度 60km/h，路基宽 12m，国道路线纵坡 3% ~6%，平交前曲线半径 300m，该平交路口距隧道口约 300m，车辆驶出隧道后车速较快；支路路基宽 7m，纵坡 5%，双向行驶，驶入国道车辆视线较差。进出该路口的左转车辆与国道直行车辆交织，极易发生车辆冲撞事故。交叉口改造实施前实例如图 8. 3-1 所示。

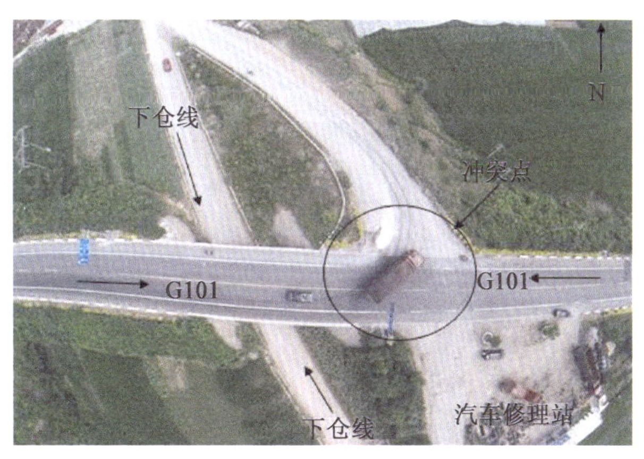

图 8. 3-1　交叉口改造实施前实例图

处置措施：

(1) 如图 8. 3-2 所示，在平面交叉口西北侧和西南侧各增加一条匝道，并对原支路进行优化，通过交通流控制，改造为简易的立体互通交叉口，将国道左转车辆全部改为右转，消除国道冲突点。

图 8.3-2　交叉口改造实施后效果图

(2)重做指路标志。增设路面导向箭头，进出匝道处设置减速让行标志标线、禁止驶入标志等；分流鼻设置导流标线及防撞桶。

(3)高路堤路侧设置波形梁钢护栏。

处置对策的实施，利用现有条件将不合理的平交路口改造为简易的互通式立体交叉，通过交通流向控制消除陡坡路段公路主线交通流的交织，较为彻底地改善了交叉路口的交通安全环境。

8.3.2　案例二

某二级公路平交路口位于左转曲线范围，曲线与一条省道及一条高速公路连接线形成 X 形交叉，受曲线内侧山体，及被交路桥梁、路侧加油站等因素控制，该路口存在主线车辆与被交路交通流交织段过长、视距不良、对向车辆行车轨迹错位及路侧干扰大等问题，造成该路口事故多发，如图 8.3-3 所示。

图 8.3-3　二级公路间的平交实例图

考虑该路口临近城区，各方向交通量较大，所以采取信号灯控制、专用车道、实体岛等综合对策进行处置，具体处置方案如下：

(1)开挖曲线内侧山体，增加两个右转专用车道，同时提高主线车辆转弯时的行车视距；

(2)增设转角交通岛，缩小交叉口面积，缩短交织段长度，方便行人通过；

(3)增设信号灯控制系统，组织有序交通。处置后效果如图8.3-4和图8.3-5所示。

图8.3-4　平交路口增设实体岛及信号灯效果图

图8.3-5　平交路口增设右转专用车道效果图

处置对策的实施：进行实体岛设置及边坡局部开挖，调整了支路间的对正关系，缩短了交织段长度，改善了行车视距，增设的右转弯专用车道和信号灯控制有效地分配了路权，提高了平交口通行效率。

8.3.3　案例三

某二级公路升级改造时路线与旧路偏离，旧路连接主要村庄，分离点形成25°小偏角平面交叉，且接圆曲线，主线与被交路交通流交织较长，且通视条件差，极易发生车辆碰撞事故，如图8.3-6所示。

图8.3-6　二级路改造遗留小偏角平交实例图

该平交路口出入车辆主要来自邻近村庄，车型较为混杂，为保障行车安全，采用如下处置对策：

(1)利用公路与邻近加油站间三角地将被交道路改线，形成正交T形交叉，改善平交口前后行车视距；

(2)原有道路改造为上路方向右转专用车道；

(3)平交路口前后完善相应标志标线。

处置后效果如图8.3-7所示。

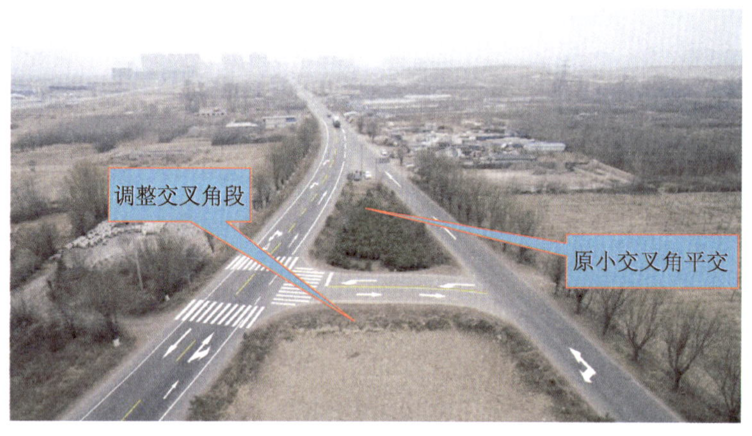

图8.3-7　二级路改造遗留小偏角平交改造后效果图

处置对策的实施：利用路侧空地，将支路与主路小偏角平交改造为正交，方便了各方向交通流的进出，消除了过长的交织段落，减少了交通事故的发生。

8.3.4　案例四

某二级公路与高速公路连接线(二级公路)交叉，平交路口设置中心实体岛，两侧形成两个双向行车车道，形成"Y"形平交。由于两个转角半径较大，形成了两个连续小偏角平交的不合理交通组织，车辆进出时易与主线车辆相撞，如图8.3-8所示。

图8.3-8　二级公路"Y"形平交实例图

针对该平交路口范围过大，交通组织不合理的问题，采取如下处置对策：

(1)改造中心实体岛，增设左转专用车道；

(2)被交路原有车道改造为右转专用车道；

(3)主线增设左转专用车道；

(4)完善人行横道线、减速标线及停车让行标志等设施。

处置后效果如图8.3-9所示。

图8.3-9　二级公路“Y”形平交改造后效果图

处置对策的实施：利用路界范围用地，将原“Y”形双路口形式改造成“T”形平面交叉路口，渠化分、汇流车道，设置左右转专用车道，减少交织点及交织长度，进出车辆通行规范有序，提高了路口通行效率。

9 公路路侧风险路段安全风险及处置方案

9.1 公路路侧风险路段安全风险及成因

9.1.1 公路路侧风险路段安全风险

路侧安全风险通常表现为路侧单车事故，事故车辆驶出路外，与路侧行道树、车辆、行人、杆柱、房屋或其他障碍物发生碰撞，或事故失控车辆坠入悬崖、深谷、水体等发生较大的交通事故。

9.1.2 风险成因

主要包括：

(1)失控车辆跌入路侧边沟，引起车辆陷落、卡停、侧翻；

(2)失控车辆冲出无防护设施或防护设施防护等级低的路基以外；

(3)失控车辆直接碰撞未外展或地锚护栏端头；

(4)缺少系统的服务设施(如服务区、停车区、客运汽车停靠站等)，引发驾驶人疲劳驾驶和车辆不规范停放等现象。

9.2 公路安全生命防护工程处置对策

根据路侧交通事故的发生阶段和过程分析，本着“主动引导、分级防护、全时保障、综合处置、灵活设计、经济有效”的原则进行路侧安全改造。一般处置对策见表 9.2-1。

表 9.2-1 公路路侧风险路段处置对策

类　别	处置对策
路侧净区及其边界控制	1. 清除或标识路侧障碍物； 2. 进行路肩硬化，放缓路基边坡； 3. 矩形深边沟加盖板或改造为浅边沟； 4. 护栏端头宜外展至路侧净区外或采用吸能端头形式； 5. 设置相应防护等级的护栏

续上表

类　别	处 置 对 策
驾驶行为控制	1. 采用反光或发光设施标识路侧区域障碍物； 2. 小半径曲线外侧设置反光轮廓标或视线诱导标； 3. 易发生车辆偏离的路段，设置振动标线或隆声带； 4. 清除路侧冗余信息，降低驾驶员视觉负荷
停靠车辆控制	增设服务区、停车区、客运汽车停靠站等服务设施，并配备相应的标志、标线

9.2.1　注意事项

公路路侧风险路段处置对策在选用和实施时还应注意以下几点：

(1)应根据路段主要风险因素、路侧危险程度、交通事故情况、行车速度和交通流组成等因素，确定是否需要设置防护设施，合理选择设施的防护等级和形式。

(2)防护设施的设计应符合现行《公路交通安全设施设计规范》(JTG D81)的规定。

(3)防护设施形式应考虑养护条件、环境和气候因素，在积雪地区宜采用便于清除积雪的波形梁或缆索护栏。当采用混凝土护栏时，应考虑路段的清扫和排水，并宜与周边的景观相协调。

(4)护栏高度的设计应与路面养护工程统筹考虑。

(5)防护设施采用的新技术、新材料、新产品应满足现行《公路护栏安全性能评价标准》(JTG B05-01)的要求。年平均日交通量小于或等于300自然车时，应具体分析经济性，宜采取诱导和警示为主的措施。

(6)公路服务设施应综合考虑公路现有的服务设施和管养设施及其他社会服务资源的分布，合理设置公路服务区、停车区。鼓励利用加油站、饭店、小卖部、公共厕所等现有社会服务场所改造建设公路服务设施。

(7)在交叉路口路段宜将停靠站与交叉路口拓宽路段合并设置。

(8)应设置完善的服务区交通标志、标线，防止车辆逆行出入服务设施。

9.2.2　主要处置对策及示例

9.2.2.1　护栏端头设置

混凝土护栏和波形梁护栏端头宜采用外展形式，有条件的应展至计算净区宽度外，位于填挖交界处时，应将外展端头埋入不构成障碍物的边坡土体内，如图9.2-1和图9.2-2所示。混凝土护栏端头处理也可通过设置波形梁护栏连接过渡，在有条件的路段设置外展。

图 9. 2-1　混凝土护栏端头外展处置示例图

图 9. 2-2　波形梁护栏端头外展处置示例图

如地形条件限制护栏端头无法外展时，可采用经实车碰撞试验验证的吸能端头，吸能端头防护等级宜根据设计速度按照表 9. 2-2 选取。

表 9. 2-2　护栏端头的防护等级

防护等级	一	二	三
代码	TB	TA	TS
设计防护速度(km/h)	60	80	100

9. 2. 2. 2　路侧边沟与路肩的处置

路侧边沟无盖板且离行车道较近的情况在各等级公路中普遍存在，存在车辆、行人误入等安全风险，如图 9. 2-3 所示。

1)路侧边沟处置方案

(1)改造浅边沟

浅边沟与传统的矩形、梯形边沟相比，其在安全、经济、环保方面具有一定优势，可增加路侧净区宽度，使驶出路外的车辆能够重新驶回行驶车道或不发生侧翻。在满足排水功能的前提下，可将边沟改造成浅边沟，如图 9. 2-4 所示。

图 9. 2-3　路侧深边沟

图 9. 2-4　改造后的浅边沟

(2)在边沟上增加盖板

路侧矩形边沟限于路侧条件和路面排水要求，不能改造成浅边沟时，宜设置边沟盖板，提高路侧的安全性。设置盖板时，要视情况综合考虑盖板承重、路面排水和日常养护等需求，如图 9. 2-5 所示。

图 9. 2-5　在边沟上面加盖板

2)路肩处置方案

(1)路肩维护

应及时对路肩进行维护，尤其对路肩排水设施及时进行清理和维修，不使路面积水滞留。

(2)路肩硬化

为给车辆和行人提供更大的路侧净区宽度，路肩与边沟、边坡应进行合理的组合设计。在山区公路路面宽度较小时，路肩宜进行硬化，如图 9. 2-6 所示。

9. 2. 2. 3　路侧障碍物处理

孤立的杆柱、绳索、管道、突起的排水沟盖板、孤石等固定物应该及时移走或掩埋。如果条件不允许，应视实际需要对路侧障碍物进行标识，对驾驶人进行提醒或警告。例如在路侧障碍物上粘贴反光膜、涂反光漆、设置立面标记等，利于夜间辨识。路侧障碍物处置如图 9. 2-7 所示。

图 9. 2-6　路侧路肩加宽、硬化和排水综合处置

图 9. 2-7　路侧障碍物处置

9. 2. 2. 4　路域障碍物处理

针对靠近道路净空范围的跨线桥墩柱、隧道洞口端墙及路中障碍物，应配合必要的防护设施，利用立面标记、实体标记、注意障碍物标志和向右行驶标志等方法进行处置。

1) 立面标记

对于车行道或近旁有高出路面的构造物，立面标记宜设在靠近道路净空范围的跨线桥、渡槽等的墩柱立面、隧道洞口侧墙端面及其他障碍物立面上，一般应涂至距路面 2. 5m 以上的高度，隧道洞口立面标记宜涂满衬砌断面。立面标记应为黄黑相间的倾斜线条，斜线倾角 45°，线宽 15cm。设置时应把向下倾斜的一边朝向车行道方向，如图 9. 2-8 所示。

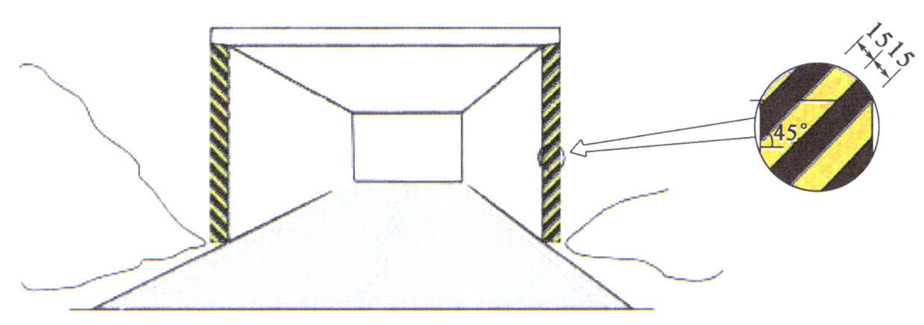

图 9. 2-8　立面标记设置示意图

2) 实体标记

实体标记应显示出道路净空范围内实体构造物的轮廓，宜设在靠近道路净空范围的上跨桥梁的桥墩、中央分隔墩、收费岛、实体安全岛或导流岛、灯座、标志基座及其他可能对行车安全构成威胁的立体实物表面上，一般应涂至距路面 2. 5m 以上的高度。标线为黄黑相间的倾斜线条，线宽 15cm，由实体中间以 45°角向两边施画，向下倾斜的方向应朝向车行道方向。

如图 9. 2-9 所示，隧道过渡翼墙及护栏前方设置诱导标线，过渡翼墙邻路侧面施画立面标记。如图 9. 2-10 所示，路中隔离栏杆端头设置防撞桶，并设置向右行驶标志。

图 9. 2-9　隧道过渡翼墙处置图

图 9. 2-10　路中栏杆处置图

如图 9. 2-11 所示，在路中古树树池前设置诱导标线和靠右侧车道行驶标志。如图 9. 2-12 所示，距离路侧较近的路侧杆柱，在杆柱下部粘贴反光膜。

9. 2. 2. 5　交通标志、标线的设置

当小半径曲线接长直线时，应设置警示标志、标线。

(1) 在驾驶员容易疲劳驾驶，发生车辆偏离车行道事故的路段，应设置振动标线、隆声带等。

图 9. 2-11　路中古树处置图

图 9. 2-12　路侧杆柱处置图

(2)在曲线路段、视线不良路段、车道数或车道宽度变化路段及护栏立面设置轮廓标，如图 9. 2-13 所示。

a)柱式轮廓标

b)波形梁护栏附梯形轮廓标

图 9. 2-13　轮廓标设置图

(3)减少路侧冗余信息。宜清除路名（地名）辅助信息、广告信息、道路景观信息等冗余信息。对于指路标志同一方向指示的目的地信息数量不应超过 2 个，各方向指示的目的地信息数量之和不宜超过 6 个。

9. 2. 2. 6　完善路侧服务设施

1)路侧服务设施设置

(1)服务区、停车区等服务设施宜设在交通流量较大的路段，如干线公路与其他干线公路共线路段、城市出入口和物流园区附近路段。

(2)服务设施的设置宜结合公路沿线地理地质、自然景观、人文景观、地方特产等资源，建设特色主题服务区或观景台，如图 9. 2-14 所示。

图 9.2-14 景区路段观景台

(3)服务设施的出入口视距应符合以下要求：

①服务设施出入口的识别视距应符合表 9.2-3 的规定，条件受限时，识别视距应大于 1.25 倍的主线停车视距。

表 9.2-3 主线设计速度大于或等于 60km/h 服务区入口识别视距

主线设计速度(km/h)	100	80	60
识别视距(m)	290～380	230～300	170～240

注：当驾驶员需接受的信息较多时，宜采用较大(接近高限)值。

②主线设计速度小于或等于 40km/h 时，入口的识别视距应不小于 1.25 倍的主线停车视距。

③服务设施的出入口应保证图 9.2-15 所示的通视三角区。图中安全交叉停车视距规定见表 9.2-4。

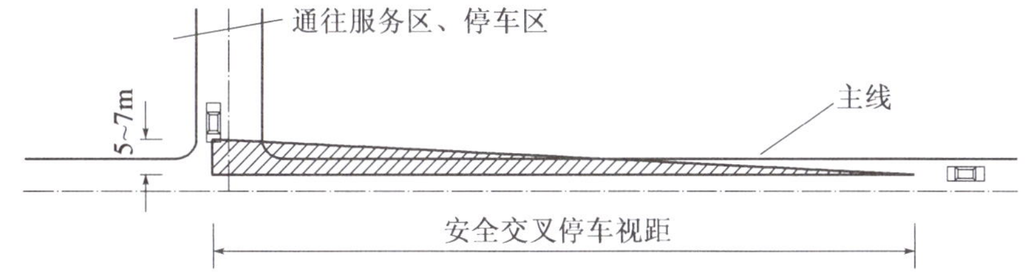

图 9.2-15 通视三角区

表 9.2-4 安全交叉停车视距

主线设计速度(km/h)	100	80	60	40	30	20
安全交叉停车视距(m)	250	175	115	70	55	35

2)路侧服务设施设置形式

(1)单侧设置的服务区、停车区、加油站出入口分开设置时，如图 9.2-16 所示，主线应进行交通组织设计，防止车辆逆行出入服务设施；与公路管理设施合并设置时，出入口宜合并，如图 9. 2-17 所示，出入车辆应分道行驶。

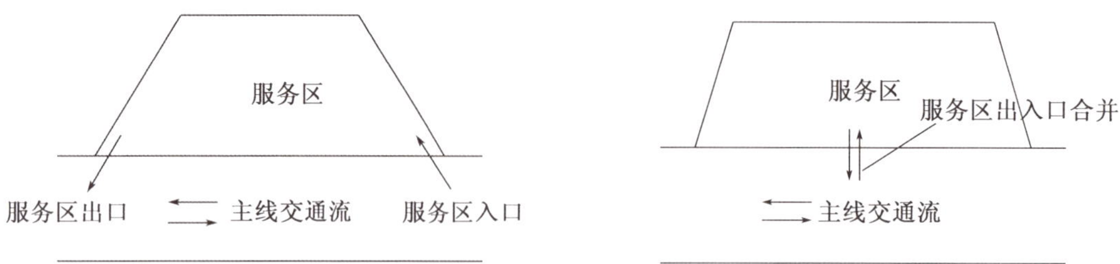

图 9. 2-16　单侧服务设施出入口分开设置示意图　　图 9. 2-17　单侧服务设施出入口合并设置示意图

(2)双侧设置的服务设施出入口应分开设置，如图 9. 2-18 所示。

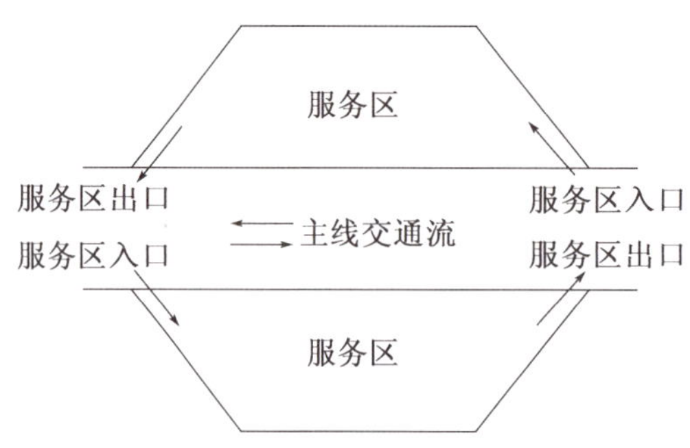

图 9. 2-18　双侧服务设施出入口分开设置示意图

(3)主线设计速度大于或等于 60km/h 时，服务区、停车区、加油站出入口宜设置变速车道。变速车道的设置应符合互通立交变速车道的相关规定。

3)服务设施的标志、标线、标识

服务设施的相关标志和标线应符合现行《道路交通标志和标线》(GB 5768)相关部分的规定。主线上标志的汉字高度应按照主线设计速度确定，场内标志汉字高度宜按照设计速度 15km/h 选取。

公路服务设施标志应符合下列规定：

(1)公路服务设施入口上游 300 ~ 500m 处及入口前适当位置应设置服务区预告标志，可根据实际情况在入口上游 1km 处重复设置一处服务区预告标志，如图 9. 2-19 所示。

a)设置于服务区入口前1km处

b)设置于服务区入口前500m处

c)设置于服务区入口处

图 9. 2-19　服务区预告标志示例

(2)服务设施场区内应根据实际情况设置停车场、公共厕所的指引标志。

(3)单侧设置的服务设施出入口分开设置且未进行中央分隔的路段，服务设施出入口位置主线标线应进行渠化设计，停车场应施画停车位标线。

(4)服务设施视觉识别系统应符合下列规定：

①应在场内易识别的位置设置标有服务设施全称的招牌，如图9.2-20所示。

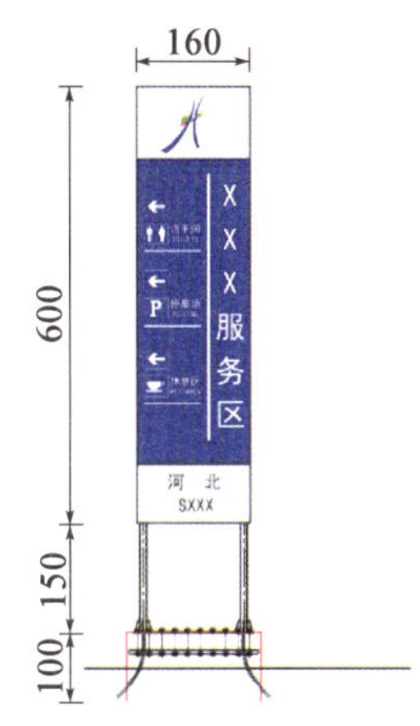

图9.2-20　服务区视觉识别标牌(尺寸单位：cm)

②公共厕所、餐厅、购物场所、热水提供处、信息服务处、车辆维修处应设置明显的标识牌。

③同一路段的服务设施视觉识别系统宜统一设置风格。

4)客运汽车停靠站设置

(1)设置于交叉口路段时，宜设置于交叉口下游，距离平面交叉进口缘石转弯半径终点80～150m并在平面交叉视距三角形以外的地点。宜将客运汽车停靠站与交叉口拓宽路段合并设置。

(2)有条件时，距离停靠站50～100m处应设置人行过街设施。

(3)当条件所限只能设置于平面交叉上游时，若存在平面交叉拓宽，宜将客运汽车停靠站设置于拓宽路段，如图9.2-21所示；若不存在平面交叉拓宽设计，客运汽车停靠站距交叉口出口缘石转弯半径终点的距离应在最大排队长度的基础上增加15～20m。

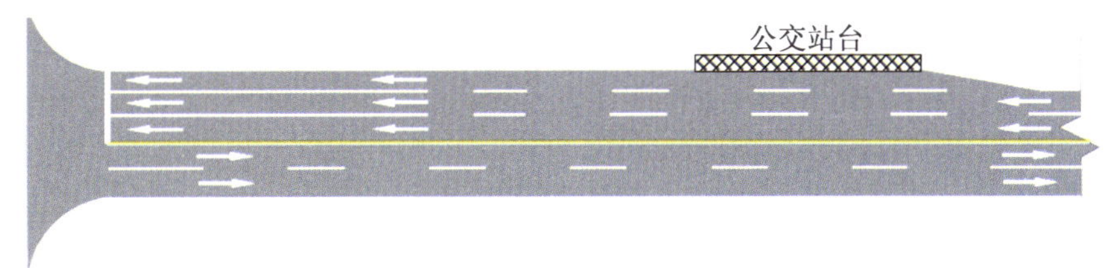

图9.2-21　存在平面交叉拓宽时设置于平面交叉上游的客运汽车停靠站

①若交叉口进口道右侧有拓宽增加的车道，公交车站应设在该道路分离点前至少

20m 处，并将拓宽车道加上公交站台长度后作一体化设计；若交叉口进口道右侧无拓宽增加的车道，停靠站应设在右侧车道最大排队长度加 20m 处。

②对于新建的交叉口，若进口道设置直线式客运汽车停靠站，按客运汽车线路所在道路等级设置，主干路客运汽车停靠站距离进口道停车线应至少 50m，次干路、支路至少 30m。

(4)四级公路的客运汽车停靠站宜设置于平面交叉下游。

9.3 处置案例

9.3.1 案例一

如图 9.3-1 所示，某山区二级公路，2002 年建成通车，设计速度 60km/h，路基宽 9.0m。沿线路基填方边坡高度大于 3.0m 路段设有示警墩或 A 级波形梁钢护栏。示警墩仅具有警示作用，波形梁护栏端头若不满足现行规范要求，失控车辆易冲出路外或冲撞端头，发生穿刺车体、车辆侧翻等事故。

a)示警墩

b)上游圆头式护栏端头

c)平交路口护栏

d)桥头接波形梁护栏

图 9.3-1　有安全隐患的护栏端头

针对这几种路侧风险，分别采取以下不同处置措施：

（1）根据现行规范，对不具有防护等级的示警墩拆除后替换为相应防护等级的波形梁护栏或混凝土护栏。波形梁护栏示意如图 9.3-2 所示。

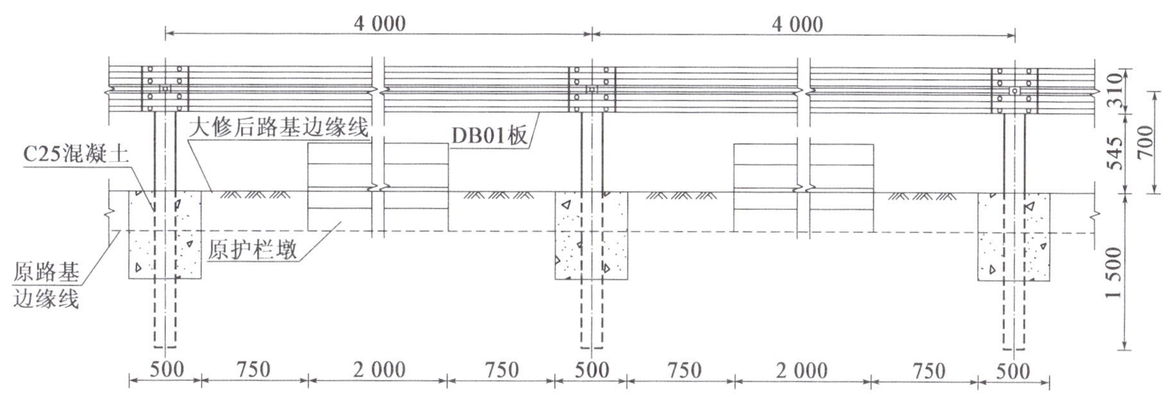

图 9.3-2　波形梁护栏示意图（尺寸单位：mm）

（2）上游圆头式护栏端头改造为外展式（图 9.3-3）。

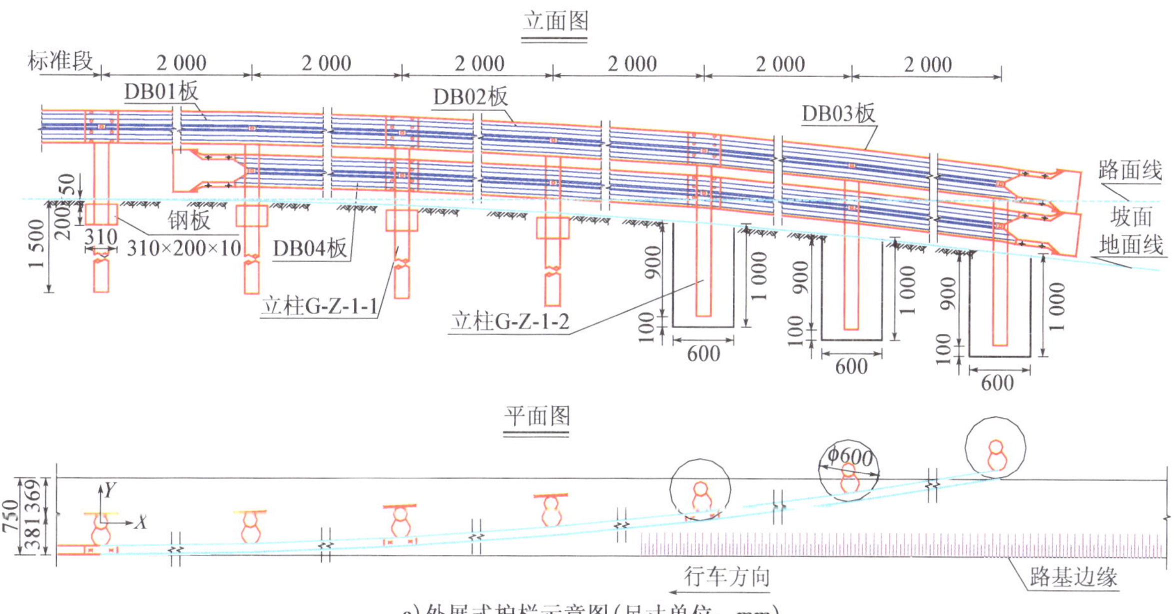

a）外展式护栏示意图（尺寸单位：mm）

b）外展式护栏示例

图 9.3-3　上游外展式护栏端头

(3)平交路口护栏适当延长，延伸至被交路内再进行外展或接构造物护栏(图9.3-4)。

图9.3-4　护栏沿平交转角布设

(4)增加桥梁混凝土护栏与路基波形梁护栏过渡段(图9.3-5)。

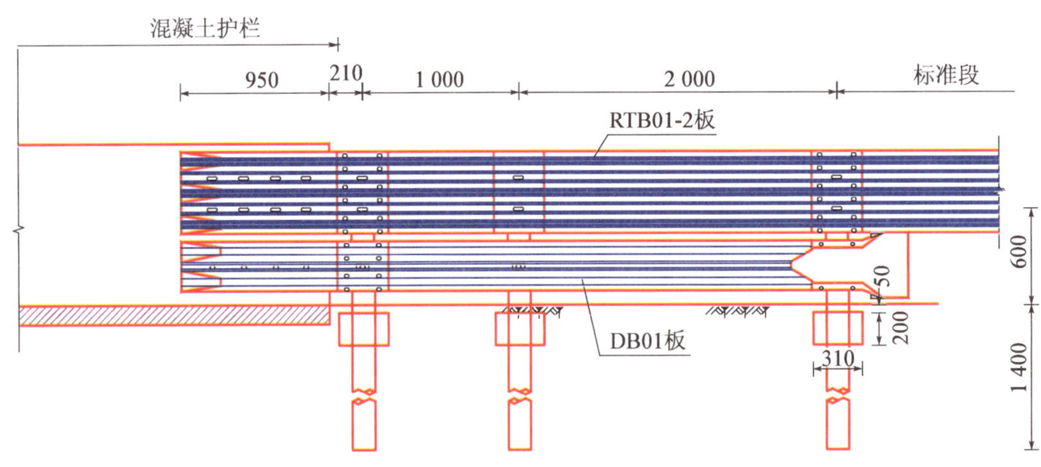

图9.3-5　波形梁护栏与混凝土护栏过渡连接(尺寸单位：mm)

处置对策的实施：规范和完善沿线各种护栏端头设置，消除不合理护栏端头设置形式的路侧风险。

9.3.2　案例二

如图9.3-6所示，某山区二级公路，设计速度40km/h，路基宽9.0m，沿线过村路段、越岭路堑段存在较多深边沟，雨雪天气及夜间常有失控车辆和行人跌落深沟，造成车辆人员损伤。

根据路侧边沟所处环境不同，分别采取以下不同处置措施：

(1)将上挡墙附L形边沟改造为浅边沟形式；

a）上挡墙附L形边沟

b）矮路肩墙附L形边沟

c）过村路段路侧矩形边沟

图9.3-6　路侧边沟

（2）矮路肩墙附L形边沟路段，接高边沟外侧壁，增设盖板，盖板边缘设置矮墙进行路宅分离；

（3）过村设置矩形边沟路段，结合地方规划，视实际情况增设盖板或改造为暗埋管（沟）排水形式，管（沟）上设置人行道。

处置后效果如图9.3-7所示。

a）路堑深边沟改浅边沟

b）村庄段路侧深沟加盖板附矮墙

图　9.3-7

c)过村段路侧边沟改造暗埋管(沟)

图9.3-7 路侧边沟

处置对策的实施：消除了路侧边沟风险，增加了路侧实际净区宽度。

9.3.3 案例三

某二级公路临近村镇路段，设计速度60km/h，路基宽9m。进出村路段有客运车辆临时停靠，占用部分车行道，影响了直行车辆安全通行。

处置措施：利用进出村路段路侧空地修建客运汽车停靠站(图9.3-8和图9.3-9)，同步完善标志标线。

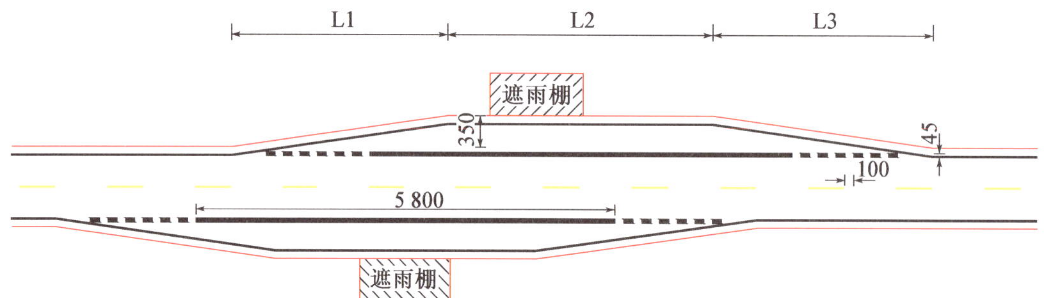

图9.3-8 客运汽车停靠站示意图(尺寸单位：mm)

图9.3-9 客运汽车停靠站

10　功能集中公路安全风险及处置方案

10.1　功能集中公路安全风险与成因

10.1.1　功能集中公路安全风险

随着经济社会的发展，公路从承担单一的运输功能逐渐向共享开放的功能延伸，功能集中公路(如旅游功能集中公路、危险品运输车辆集中公路等)对公路提出了特殊安全保障要求。由于公路服务对象和功能定位与设计时发生了较大变化，部分早期建设的公路受建设理念的影响和环境、地形、地质、建设资金等条件的限制，采用了较低的技术指标，存在平纵指标组合不均衡、行车视距不良、安全设施防护等级低、标志牌信息针对性不强、路侧实际净区宽度不足、服务设施体系不完善等问题，易导致车辆追尾、对撞、冲出路基、桥涵构造物结构破坏等事故。

10.1.2　安全风险成因

10.1.2.1　旅游功能集中公路

旅游功能集中公路安全风险成因分析如下：

(1)交通组织结构复杂

承担运输通道功能的旅游功能集中公路，因旅游车辆、货运车辆、农用车辆混行，运行速度不均衡，行驶行为随意性较大，易发生车辆追尾、对撞等交通安全事故。

(2)技术指标不均衡

因路线选址考虑自然景观、名胜古迹等因素，往往造成同一路段的平面、纵断面和横断面指标偏低且不均衡，行车视距不良路段较多，沿线绿化倾向与景区、景点周边环境协调，往往造成小半径曲线内侧、平面交叉路口范围内的植被遮挡视线，影响驾驶人视距，致使驾驶操控难度加大。

(3)安全设施设置标准低

受公路建设理念、建设资金的影响，建设标准偏低，导致临崖及急弯、陡坡等路段安全设施设置标准低。

(4)服务设施不足

随着旅游业快速发展，旅游高峰期游客集中出行，由于服务区、停车场、观景台等服务设施建设相对滞后，往往出现景点路段无序停车、主线拥堵等问题，降低公路通行能力。

10.1.2.2 其他功能集中公路

其他功能集中公路安全风险分析如下：

(1)重载车辆集中通行

煤炭运输、矿产运输等功能集中公路，重载车辆往往集中排队行驶，造成车辆超车困难，易出现强行占道超车引发对向车辆相撞事故；重载车辆发生事故时对路侧防护设施的防护要求较高，易出现车辆撞毁防护设施冲出路基事故。

(2)超宽超高车辆占据路面资源

运送特种设备的超宽、超长、超高车辆会影响正常行驶车辆超车、会车，易出现驾驶人员错误判断车速、车长、车宽，发生车辆对撞、追尾或冲出行车道等交通安全事故。

(3)时效性车辆集中通行

城乡接合部，临近医院、学校，临近农副产品产地等路段，鲜活产品运输车辆、急救车辆、校班车等有时效性需求的车辆较为集中，一些时效性车辆与其他车辆混行时，频繁的超车、逆行等操作，极易造成道路拥堵、车辆对撞、追尾事故的发生。

(4)危险品运输车辆保障

因危险品运输车辆一旦出现危险品泄漏或车辆碰撞事故，会对周围环境造成严重损害，对周围车辆和居民的生命财产造成较大威胁，因此危险品运输需要特殊保障措施，危险品运输车辆集中的公路必须提高安全设施标准和防护等级。

10.2 公路安全生命防护工程处置对策

10.2.1 处置重点

(1)旅游功能集中公路重点改善路段平纵线形协调性，增设与环境相协调的交通安全设施，完善公路服务设施。

(2)公路服务对象和功能定位与设计时发生了较大变化，导致既有公路指标及沿线设施的设计针对性不强，出现与使用功能不匹配现象，应通过论证确定功能集中公路属性，根据交通组成特点设置各类交通安全设施。

10.2.2 处置对策

功能集中公路根据各自特点选用处置对策。随着旅游发展，旅游公路逐年增多，下面以旅游公路为主叙述相关处置对策(表10.2-1)。

表10.2-1 旅游功能集中公路安全风险分类处置对策

类别	处置对策
指标控制	1. 平面线形应直捷、连续、均衡，并与地形相适应，且与周围环境相协调； 2. 纵面线形应平顺、圆滑、视觉连续，并与地形相适应； 3. 横断面设计应最大限度降低路堤高度，减少对沿线生态的破坏，保护环境，使公路融入自然； 4. 公路防护工程采用工程防护与生态防护相结合的方式，减少对自然景观的影响，加大恢复力度，使公路工程与自然环境相和谐； 5. 对于现有运营公路，如局部路段不满足上述要求时，可结合建设条件，对公路进行局部调整
路侧环境控制	1. 当排水量较小，路基外侧空间小于1m时，可采用L形混凝土、栽砌卵石、混凝土预制块拼接、平铺花砖等形式的浅边沟；路基外侧有大于1m的富余缓台地路段时，宜采用浅碟式边沟；路基外侧有1.5~2.5m空间时，可采用浅碟式植草边沟、碎石装饰的浅碟边沟或现浇浅碟式边沟；路侧有较大空间时，可采用缓边坡漫流的排水形式。 2. 当排水量较大，路侧空间不足时，可采用盖板式边沟形式。 3. 路侧截水沟、排水沟、集流槽等排水设施宜选用隐蔽或贴近自然的形式。 4. 采用与周边环境相互协调的低矮挡墙或高度、形式富于变化的上挡墙等形式。 5. 在主线沿线风光优美，骑行人群与主线车辆干扰较大路段，经论证可沿主线设置专用的慢行系统。 6. 在不降低护栏防护等级的前提下，可选择外观自然、与周围环境相融合的护栏形式，如缆索护栏、绿色涂塑护栏、仿木栏杆等
速度控制	1. 旅游旺季交通量较大路段，设置可变限速标志； 2. 对于景区出入口、自然景观带、观景台等易出现路侧停车或拥堵路段，设置完善的指引标志、减速标线等设施
信息控制	1. 采用路线区域标识和景区标识结合设置的方式，指引出行者前往相应景区； 2. 设置可变信息牌，随时发布路况及天气等信息
停靠车辆控制	1. 沿线根据需要设置服务区、停车区、港湾式停靠站及观景台等设施； 2. 车速快或视距不良的景观带路段，酌情设置禁止停车标志、标线

10.2.3 旅游功能集中公路处置对策

10.2.3.1 交通功能与旅游功能相融合

旅游功能集中公路要切实把公路功能与景区的旅游和环境资源深度整合，通过将公路与生态、文化传播、旅游、消费 、景区等旅游资源进行深度融合，把公路单一性的交通功能，建设成具有通达、游憩、体验、运动、健身、文化等复合功能的旅游公路。最终实现"旅游景区快速联通，公路文化自成一景，休闲度假动静结合，以路带游，以游养路"的综合旅游交通体系，实现旅游与交通的融合发展。将原有的以路为核心的传统思维转化为以旅游者为核心、以旅游环境为核心的旅游公路建设新理念。

旅游资源功能整合，重点落脚在对公路沿线服务设施、公路标识、其他设施(里程碑、百米桩)等旅游元素的提取、整合之中。

旅游资源体验功能，重点落脚在将旅游元素融合于安全设施、服务设施的设计之中。使驾驶人员在旅游公路中感受到景区旅游的相关自然、人文体验。

旅游服务功能主要体现在安全设施对公路信息、驾驶环境的有效传递，以及公路服务设施为出行者提供的服务等。公路功能与旅游功能结合示意如图 10. 2-1 所示。

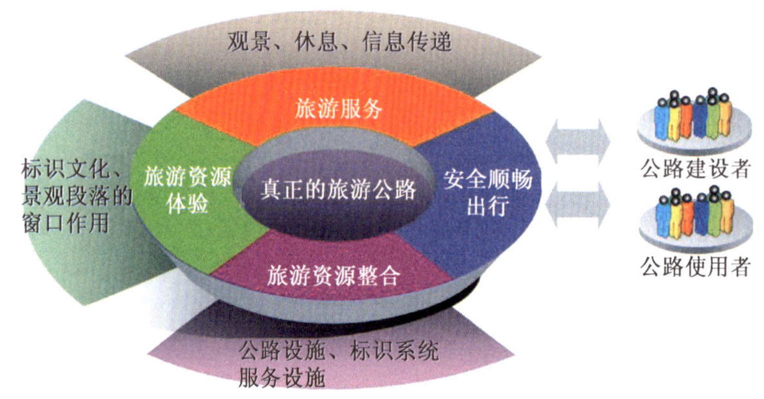

图 10. 2-1　公路功能与旅游功能相结合示意图

10. 2. 3. 2　路线技术指标的选用

旅游功能集中路段的路线设计应满足现行《公路工程技术标准》(JTG B01)、《公路路线设计规范》(JTG D20)等相关标准的规定。

路线设计应做好平面、纵断面、横断面三者间的组合，并同自然环境相协调。线形应充分利用地形、自然风景，尽量少改变周围的地貌、地形、天然森林、建筑物等景观，在不影响行车安全的前提下可适当降低公路的技术指标，但对于《工程建设标准强制性条文　公路工程部分》中强制性规定的技术指标不得降低，设计指标的使用尺度见表 10. 2-2。

表 10. 2-2　指标使用尺度

公路使用者要求	标准、指标名称	掌握尺度
行驶安全性	最小圆曲线半径、最大纵坡、最大坡长、超高	从严
视觉连续性(视距)	竖曲线最小半径等视距指标	从严
视觉连续性(视野)	线形组合	灵活
乘坐舒适性	长度指标、线形组合	灵活
乘坐韵律感	直线最大长度、曲线比例	灵活

对于新改建公路，公路线形设计、横断面布置应充分考虑“宽容性设计、速度一致性设计、视距保障”等安全理念，从驾驶员驾驶预期角度提升公路主体设计指标的安全性。如局部路段需要突破现行《公路工程技术标准》(JTG B01)、《公路路线设计规范》(JTG D20)技术指标的要求，则应通过专题论证、专家评审等程序确定其方案的合理性与安全性。

对于现有运营公路，如局部路段不满足现行《公路工程技术标准》(JTG B01)、《公路路线设计规范》(JTG D20)技术指标的要求，可参照表10.2-2的使用尺度，结合建设条件，对公路平纵面线形进行局部调整。

10.2.3.3　完善沿线设施

1)交通标志设置

交通标志采用路线区域标识和景区标识相结合的方式设置，指引出行者前往相应景区，如图10.2-2所示。

应根据旅游功能集中路段所经过的主要区域，设计针对性、特色性标识，区域标识LOGO设计如图10.2-3所示。

图10.2-2　标识(LOGO)体系框架图

图10.2-3　一号风景大道森林畅游、田园牧歌段LOGO标识

2)指路标志体系、旅游景区指引体系协调性设计

旅游功能集中公路路段宜对AAA(含)以上等级景区进行预告、指引。宜在距离AA级景区或特色性景区最近的平面交叉口对相关景区进行指引。对旅游景区的指引宜与路网其他目的地信息指引相协调，在平面交叉口区域前构建指路、指景区相协调的“路、景”一体化指引体系，如图10.2-4所示。

旅游功能集中公路上设置的交通标志应使标识设施与周边景观结合，成为“长在路上的风景”。标志结构设计体系框架如图10.2-5所示。

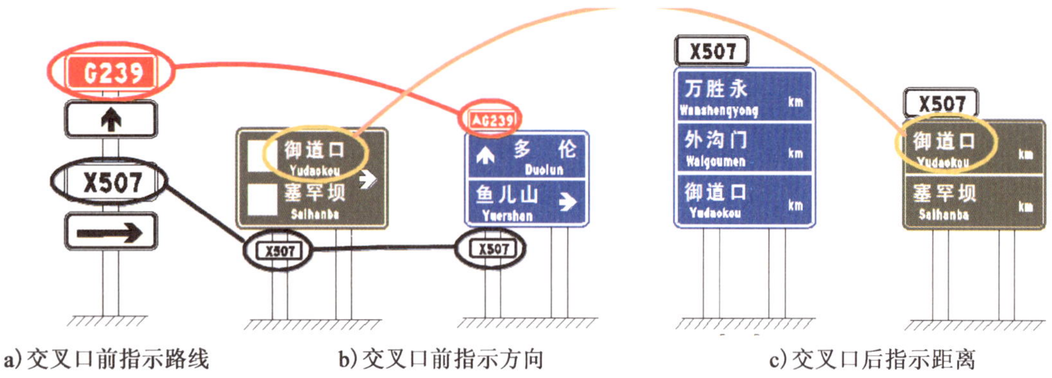

图 10.2-4 “路、景”一体化协调性设计

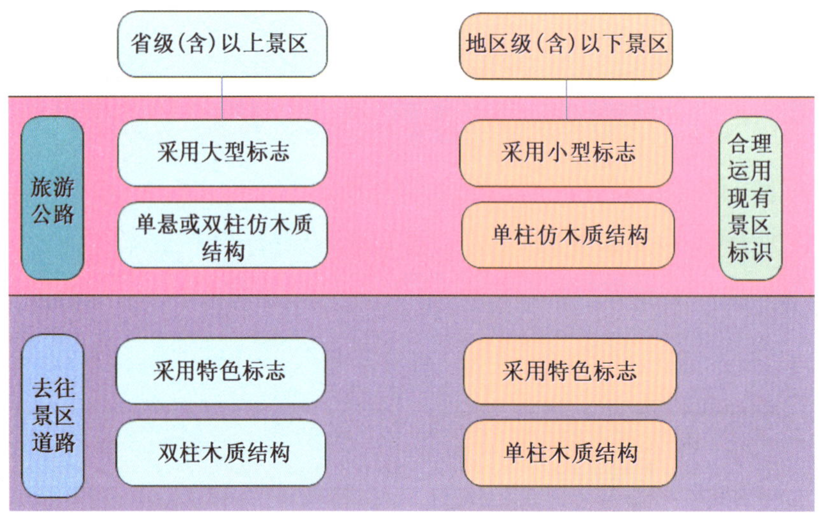

图 10.2-5 体系框架图

旅游功能集中公路道路标识设施形式见表 10.2-3。

表 10.2-3 旅游公路标识设施形式

景区级别	标志形式	支撑结构	标志材质	设置要求	示 例
省级(含)以上景区	大型旅游区指引标志	单悬或者双柱	仿木或木质结构	采用钢结构时宜喷涂棕色或者绿色仿木漆，且同一路段宜采用同种形式	
地区级(含)以下景区或去往景区道路交叉口	小型旅游区指引标志	单柱	仿木或木质结构	采用钢结构时宜喷涂棕色或者绿色仿木漆，且同一路段宜采用同种形式	七星湖 Qixinghu

3)边沟结构物

(1)当排水量较小，路基外侧有大于 1m 的富余缓台地路段时，应采用浅碟式边沟。浅碟式边沟包括预制混凝土块拼接式浅边沟、植草边沟、自然漫游式边沟等，应根据路侧情况选择设置，并平整、绿化路肩。

(2)当排水量较小，路侧较窄且靠山时，宜选择预制混凝土块拼接形式或花砖形式，如图 10.2-6 和图 10.2-7 所示。

图 10.2-6　混凝土块拼接式边沟

图 10.2-7　花砖铺砌的边沟

(3)当排水量较小，路侧有 1.5～2.5m 空间时，可采用浅碟式植草边沟、碎石装饰的浅碟边沟或现浇浅碟式边沟，如图 10.2-8～图 10.2-10 所示。

图 10.2-8　浅碟式植草边沟

图 10.2-9　用碎石装饰的浅碟边沟

图 10.2-10　现浇浅碟式边沟示意图

(4)当排水量较小，路侧有较大空间时，可采用缓边坡漫流的排水形式，如图 10.2-11 所示。

(5)当排水量较小，路侧净区较小时，可采用 L 形的混凝土或栽砌卵石形式，如图 10.2-12 ~ 图 10.2-14 所示。

图 10.2-11　漫流式排水路肩

图 10.2-12　L 形混凝土边沟

图 10.2-13　栽砌式卵石边沟

图 10.2-14　卵石干铺边沟

(6)当排水量较大时，可采用盖板式边沟形式，如图 10.2-15 所示。

图 10.2-15　盖板式边沟形式

4)其他排水设施

路侧设置截水沟、排水沟、集流槽等排水设施可采用图 10.2-16 ~ 图 10.2-19 几种设置方法，以达到实用和美观的双重效果。

图 10.2-16　截水沟隐藏于坡面后

图 10.2-17　截水沟隐藏于挡墙后

图 10.2-18　自然石笼式集流槽

图 10.2-19　自然抛石式集流槽

5)边坡挡墙

挡墙既起加固作用,也起防护作用,因此,在景观设计中应和边坡的其他防护措施一并考虑,也应考虑尺度、比例、材质、色彩等因素对景观的影响,与周围环境相协调。

采用低矮挡墙,通过高度、形式的变化,丰富挡墙的形体,使边坡与周边环境相互协调,如图10.2-20、图10.2-21所示。

图10.2-20 墙高、墙形协调,墙角处理得当

图10.2-21 高度随边坡的高度而变化

(1)挡墙墙顶线条可处理成一系列水平台阶,或一系列连续的直线和曲线。台阶应设计成长条形,避免形成顶线参差不齐或呈锯齿形的外观。

(2)当采取同一面体的墙体难以达到理想的效果时,也可将墙面进行分隔,形成退台式挡墙,既有利于墙顶绿化,也可形成更加丰富的层次,如图10.2-22所示。

图10.2-22 退台式挡墙

(3)在适当地段结合周围环境,适当进行装饰,淡化墙体,使挡墙本身成为一种景观,赋予公路文化,如图10.2-23所示。

图 10. 2-23 具有地域文化特色的挡墙与环境更协调

6)路侧护栏

旅游公路需要适当考虑沿线景观的协调性，路侧设施应尽可能减少对沿线景观的干扰，路侧护栏可根据现场条件设置缆索护栏、绿色涂塑护栏、仿木护栏等形式，如图 10. 2-24 所示。

a)绿色涂塑立柱缆索护栏

b)绿色涂塑立柱波形梁护栏

图 10. 2-24 与沿线景观相协调的护栏

7)慢行系统

旅游公路为减少主线车辆对地方非机动车辆、旅游骑行车辆、徒步游客的干扰，可设置慢行系统等，如图 10.2-25 所示。

图 10.2-25　慢行系统

8)服务设施

沿线根据需要系统规划设置服务区、停车区、港湾式停靠站及观景台等设施，如图 10.2-26 所示。

a)服务区

b)临时停车区

图　10.2-26

c)观景台

图 10.2-26　服务设施

10.2.3.4　其他功能集中公路

其他功能集中公路由于是固有的一种或多种运输车辆较为集中，需根据车辆特点制定相应处置方案。如运煤通道，应设置必要的交通标志引导车辆沿固定线路通行，同时提醒其他车辆注意避让；大型构件集中运输路段应加大路侧净区宽度，标志外移，同时设置相应标志提醒其他车辆避让；对于有危险品运输车辆混行的路段，由有相应资质单位进行安全风险评估，提出有针对性的处置措施和事故应急预案。

10.3　处置案例

10.3.1　案例一

某二级公路，设计速度 40km/h，路基宽 8.5m，沿线为高原丘陵地貌，自然景观密布，夏季旅游车辆密集，该公路连接几处较大村镇，交通组成较为混杂。结合地方规划及省“旅游发展大会”需要，该路段打造为“国家一号风景大道”。该路段为典型的旅游功能集中公路。

为达到公路建设与沿线景观协调一致，自然天成的效果，采取以下处置措施：

(1)沿线修建慢行专用通道、港湾式停靠站及观景台，部分非机动车、行人及骑行游客使用慢行专用通道，减少对主线行车的干扰，如图 10.3-1 和图 10.3-2 所示。

(2)路侧危险路段设置相应防护等级且与沿线景观相协调的各种形式护栏，如图 10.3-3 ~ 图 10.3-5 所示。

处置对策的实施：一号风景大道设置慢行专用通道、港湾式停靠站及观景平台，增加了游人安全活动区域，减少了道路拥堵对主线行车的干扰。与景观协调的防护形式，降低了对自然景观的影响，使公路工程与自然环境相和谐，在提高公路安全性的同时，使公路形成了一道靓丽风景线。

图 10. 3-1　慢行车道设置

图 10. 3-2　港湾式停靠站、观景台设置

图 10. 3-3　绿色透景缆索护栏

图 10. 3-4　绿色涂塑波形梁护栏

图 10.3-5　仿木栏杆

10.3.2　案例二

某煤炭运输功能集中的通道，由多条二级、三级公路路段组成，设计速度 40～60km/h，路基宽 7.5～10m，交通组成复杂，重载运煤车辆在越岭、主要平交路口及较大村镇等路段经常出现长距离压车排队现象，小型车辆强行超车易发生车辆相撞等事故，如图 10.3-6 所示。

图 10.3-6　运煤通道混合交通

采取如下处置对策：

(1)统一规划煤炭运输通道路线，以高速公路为主通道，普通干线公路为辅助通道；在交界位置设置煤炭运输通道规划路线示意标志牌。

(2)通过在主要路口设置标志牌，引导运煤车辆集中沿固定通道行驶，缓解邻近道路交通压力。

(3)引导其他车辆选择邻近路线行驶，减少与运煤车辆混行。煤炭运输通道规划路线示意标志牌、主要路口引导标志、运输通道标志如图 10.3-7～图 10.3-9 所示。

图 10.3-7　煤炭运输通道规划路线示意标志牌

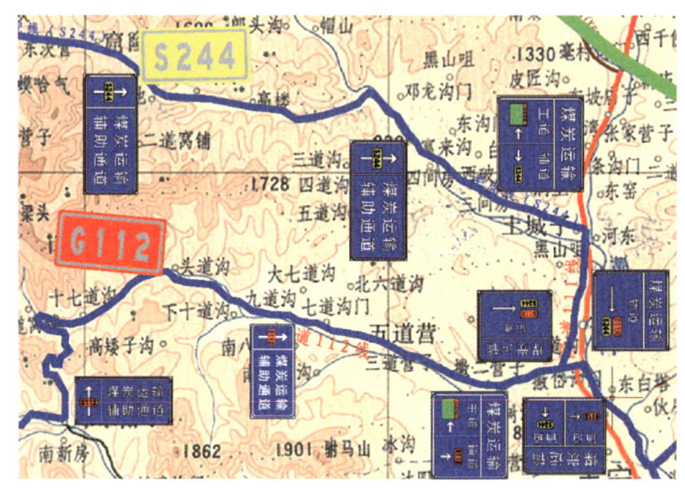

图 10.3-8　煤炭运输通道主要路口引导标志

图 10.3-9　煤炭运输通道标志

处置对策的实施：统一规划了煤炭运输车辆的通行路线，通过标志引导、交通管理等措施，使运煤车辆在相对固定的路线通行，方便了其他车辆有选择性地避让，降低了混行车辆数量，提高了公路通行效率，减少了行车干扰和事故的发生。同时，煤炭运输通道的设立，利于交通安全管理，利于交通安全设施系统设置，利于改善公路安全通行环境。

11 公路条件变化路段安全风险及处置方案

11.1 公路条件变化路段安全风险与成因

11.1.1 公路条件变化路段安全风险

公路条件变化路段安全风险主要包括：设计速度变化、路基宽度变化、桥涵荷载等级变化、净空变化、宽路窄桥、桥头接小半径曲线、桥隧相连等公路条件变化风险，这些突然变化的公路条件会使驾驶人不能及时调整车辆行驶状态，从而发生事故。

11.1.2 风险成因

1)设计速度与路基宽度变化路段

不同设计速度或路基宽度发生突然变化的过渡路段，驾驶人不能及时看到或感受到公路条件的变化，从而不能及时调整驾驶行为，导致车辆相撞、冲出路外等事故。

2)宽路窄桥路段

宽路窄桥一般是指桥梁净宽小于引道路面宽度的情况，如图11.1所示。

图11.1 宽路窄桥

宽路窄桥情形易引发车辆冲撞桥梁栏杆或冲出路外事故。

3)净空不连续路段

净空包括净高和净宽，一条公路应设计统一的净空条件，如条件受限或发生变化时，应设置系统的引导标志。在运营路段或养护改造路段上，跨线通道或跨线桥的净空往往会有不统一的情形，在没有系统信息预告和引导下，超高或超宽车辆通过时易与构造物发生碰撞，严重时可造成车辆损毁并危及构造物结构安全。

4)桥隧路段

隧道进出口路段受隧道黑洞和白洞效应影响，驾驶人视觉变化大，容易造成视觉信息不连续。桥隧连接路段建筑限界变化大，实际净区宽度较小，雨雪雾天气能见度较低，视距不良且路面湿滑，车辆易发生追尾、撞击构筑物、坠车等严重程度较高的交通事故。桥头接小半径曲线路段车速过快，易发生车辆碰撞桥头和冲到桥下的事故。

5)桥涵荷载限制

一般情况下，同一条公路应采用统一的桥涵设计荷载标准，但在公路运行过程中会出现桥梁技术状况变化，从而导致桥梁承载能力低于设计荷载的情况。

11.2　公路安全生命防护工程处置对策

针对以上公路条件变化情况，应给驾驶人提前的警示或警告，以利于驾驶人有足够的时间和空间调整车辆行驶状态。应加强公路和桥梁日常养护工作，确保道路的各种设施完好，尤其对技术状况为三类及以上的桥梁应及时进行维修加固，确保桥梁处于良好的技术状况。公路条件变化路段风险处置对策见表11.2-1。

表11.2-1　公路条件变化路段风险处置对策

类　　别	处置对策
过渡控制	1. 应设置渐变率不大于1/15且最小长度不小于10m的路基宽度过渡段；曲线路段，宜在曲线外侧进行路侧宽容处置。 2. 路基宽度变窄路段前设置窄路标志、限速标志及过渡段导流斑马线。 3. 宽路窄桥路段设置相应防护等级的防护设施，完善与桥梁护栏的衔接处理；在桥头车行道宽度变化的路段设置过渡标志与标线。 4. 过渡段设置禁止、解除禁止超车标志，路面施画禁止跨越同向(对向)车行道分界线。 5. 桥头接小半径曲线路段，曲线外侧设置视线诱导设施，根据路侧危险程度设置护栏，并注意路基护栏与桥梁护栏之间的连接过渡。 6. 隧道出入口处净空变化、端墙外露时，隧道口应设置护栏并进行过渡设计。 7. 隧道内交通标志应采用主动发光或外部照明标志形式，中长及以上隧道内宜设置反光环，使洞内与洞外照度实现过渡

续上表

类　别	处置对策
交通管理控制	1. 在桥梁两端上游设置限制质量标志和限制轴重标志。 2. 桥梁荷载等级低的或桥梁净空小于路基净空时，桥梁前后设置限载、限高、限宽标志或设施，并在进入此路段前的路口适当位置设置相应的标志进行预告提示。 3. 在净空不足的上跨桥梁梁底部，应设置立面标记和限高标志，并视情况在桥前设置限高、限宽门架。 4. 隧道入口前应设置隧道名称标志、隧道标志(或隧道开车灯标志)、限高标志、禁止超车标志、限制速度标志。 5. 隧道入口应设置立面标记；宽度窄于路基或桥梁的隧道入口前 30 ~ 50m 范围右侧硬路肩内应设置导流线；隧道入口前 150m 和隧道出口 100m 范围应设置禁止跨越同向(对向)车行道分界线。 6. 桥隧段施画禁止跨越同向(对向)车行道分界线。 7. 跨铁路的公路桥梁上设置钢筋混凝土护栏和防护网。护栏防护等级应在有关标准规定的基础上提高一个等级；进入立体交叉路段前，视情况设置必要的减速和视线诱导设施
速度控制	1. 隧道入口设置限速标志可在设计速度基础上降低 10 ~ 20km/h； 2. 隧道入口前可根据需要设置振动型减速标线或彩色防滑标线； 3. 桥头接小半径曲线路段提前设置减速标线或物理性减速设施； 4. 隧道内设置安全速度抓拍设施

11.2.1　设计速度与路基宽度变化路段

不同设计速度的路段间，应结合地形的变化，使路线的平纵线形指标逐渐过渡，避免出现突变。不同标准路段相互衔接的地点，应选在交通流发生变化处，或者驾驶人能够明显判断前方需要改变行车速度的地方。

11.2.2　宽路窄桥路段

宽路窄桥路段，在靠近行车道的位置突然出现不该出现的障碍物是违背驾驶期望的，应提供充足的信息，诱导驾驶人安全通过。

11.2.3　净空不连续路段

在公路上如有局部路段不满足公路等级规定的净空时，一般应进行限制、提示、警示等综合处置。

11.2.4 桥隧路段

11.2.4.1 隧道

(1)隧道入口前应设置隧道名称标志、隧道标志(或隧道开车灯标志)、限高标志、禁止超车标志、限制速度标志；设置限速标志可在设计速度基础上降低10～20km/h。

(2)隧道入口应设置立面标记；宽度窄于路基或桥梁的隧道入口前30～50m范围右侧硬路肩内应设置导流线；隧道入口前150m和隧道出口100m范围应设置禁止跨越同向(对向)车行道分界线；隧道内施画禁止跨越同向车行道分界线标线。

(3)隧道入口前可根据需要设置薄层铺装、振动型减速标线或彩色防滑标线。

(4)隧道出入口处净空变化、端墙外露时，隧道口应设置护栏并进行过渡设计。

(5)隧道内交通标志应采用主动发光或外部照明标志形式，使洞内与洞外照度实现过渡；检修道的边缘及其上方1m处，应设置间距为10m轮廓标；人行通道和消防器材附近应设置应急指引标识；检修道边缘有绊阻物时应设置警示标识；路面应设置行车道边缘标识。双向行车的公路隧道内应施画黄色中心实线，所有标线应采用反光标线。隧道内宜配合标线设置反光突起路标。

(6)隧道内连续下坡，可在隧道入口前一定距离设置连续下坡的警告标志或人性化图形标志。

(7)长度大于3km的隧道，应设置“隧道出口距离预告标志”；中长及以上隧道内宜设置反光环。

11.2.4.2 桥梁

1)对桥梁两侧设置的护栏形式应根据引道的填土高度确定。

(1)土质填方边坡高度大于3.5m或路肩墙高度大于2.5m的引道路段，应设置护栏，事故严重程度高时适当提高防护等级。桥梁护栏或引道护栏形式不一致时，应进行过渡段设计。桥头波形梁护栏防护如图11.2-1所示。

(2)土质填方边坡高度大于3.0m或路肩墙高度大于2.0m的引道路段，宜设置波形梁护栏，路侧平缓且无水域的可设置连续示警墩(图11.2-2)。

(3)土质填方边坡高度小于3.0m或路肩墙高度小于2.0m的引道路段，桥头应设置示警桩，每端每侧大桥至少6根，中小桥至少4根。示警桩采用边长15cm，高度80cm，埋深40cm的混凝土桩，桩间距2m，并涂以黄黑相间的反光涂料。

2)在桥梁引道75m范围内如存在平面交叉路口，应移出该范围，受条件限制不能移出时，应将该路段作为独立的设计单元统筹考虑，综合设计。

3)桥头两端应设置限制质量、限制轴重标志。限重值参考桥梁建设时期执行的《公路桥涵设计通用规范》(JTG D60)有关设计荷载等级选取。早期桥梁限制质量、限制轴重参考值见表 11.2-2。

图 11.2-1　桥头波形梁护栏防护

图 11.2-2　利用防撞墩进行桥头防护

表 11.2-2　早期桥梁限制质量、限制轴重参考值

设计荷载	最大轴重(t)	最大总重(t)
《公路桥涵设计通用规范》(JTG D60—2004)中：公路Ⅰ级、公路Ⅱ级； 《公路桥涵设计通用规范》(JTJ 021—1989)中：汽车—超 20 级	14	49
《公路桥涵设计通用规范》(JTJ 021—1989)中：汽车—20 级	13	30
《公路桥涵设计通用规范》(JTJ 021—1989)中：汽车—15 级	13	20
《公路桥涵设计通用规范》(JTJ 021—1989)中：汽车—10 级	10	15
未按交通行业标准规范设计的桥梁	按照桥梁实际技术状况确定限重值	

桥梁限重标志应设置在桥梁两端不超过 20m 范围内位置，应同时限制车辆轴重和总质量，标志的设置形式可以采取单柱或单悬臂。中桥以上的桥梁宜将限重标志与桥名标志组合，采用单悬臂结构。对于小桥，宜将限制质量和限制轴重标志设计成上下单柱式标志，也可以设计成单悬臂标志，版面布置如图 11.2-3 所示。

图 11.2-3　单柱式限制质量、限制轴重标志版面布置示意图

4）小桥涵桥头设置的竖向诱导标应沿行车道边缘线设置在桥头之前，标志版面不得侵入公路建筑限界。桥头警示牌、小桥涵防护布设、桥头警示牌大样如图 11.2-4 ~ 图 11.2-6所示。

图 11.2-4　桥头警示牌示例图

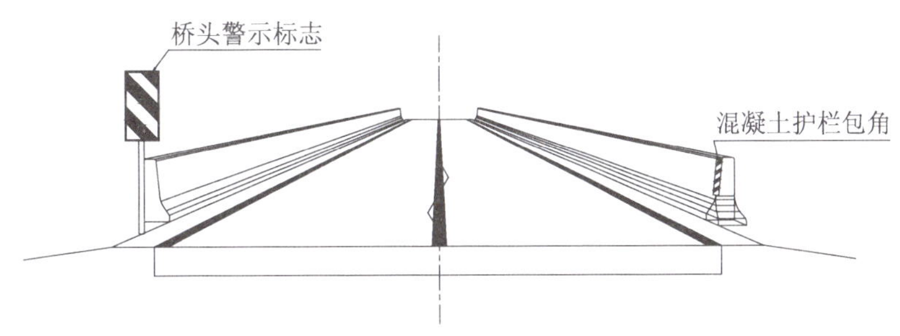

图 11.2-5　小桥涵防护布设图

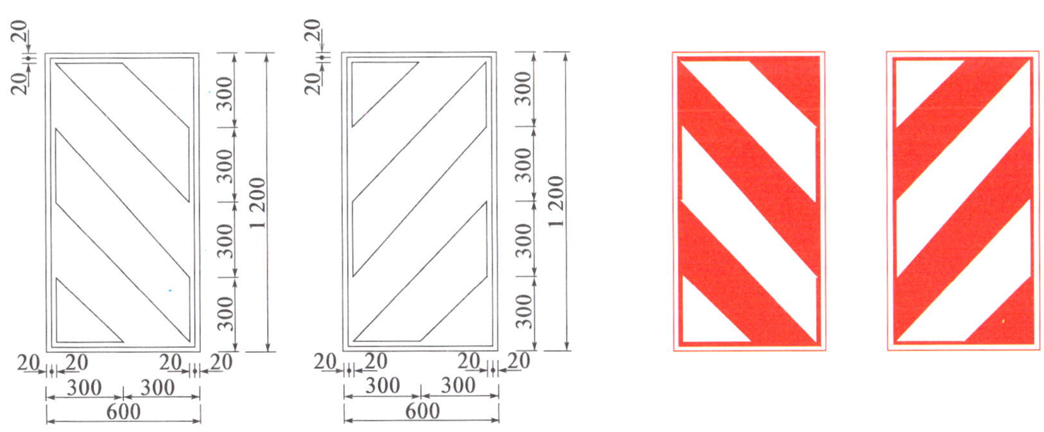

图 11.2-6　桥头警示牌大样图(尺寸单位：mm)

5）对一块板路段的分离式桥，应设置预告标志、防撞岛和过渡标线。在桥头两侧设置靠右侧道路行驶指示标志，依据路段运行速度值设定上游过渡段导流线及其防撞设施。其中：运行速度 60km/h 以下的可设置防撞消能桶，60km/h 及以上的增设 30m

及以上柔性分隔设施；防撞岛前施画导流标线、车道内施画减速振动标线。分离式桥梁防撞岛如图11.2-7所示。

图11.2-7　分离式桥梁防撞岛

在桥头车行道宽度变化的路段施划导流标线。公路断面由一块板变为两块板变化路段如图11.2-8所示。

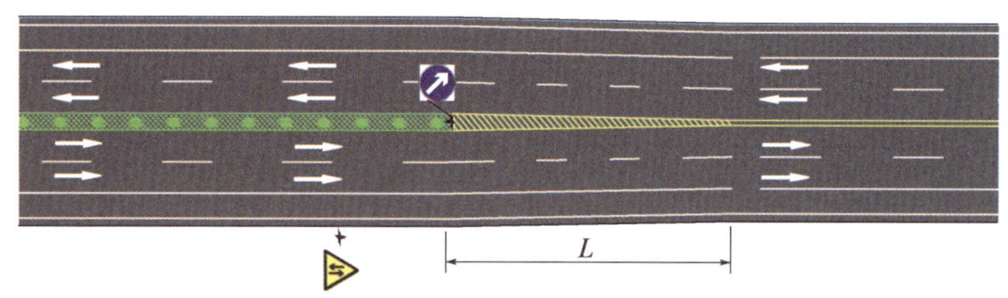

图11.2-8　公路断面由一块板变为两块板变化路段示意图

6)公路上跨铁路立体交叉路段：

(1)完善公路交通标志、标线。立体交叉及其上游路段应施画中心实线，设置禁止超车标志、限制质量或轴重标志等。

(2)应在桥梁上设置钢筋混凝土护栏和防护网。护栏防护等级应在有关标准规定的基础上，提高一个等级。设置桥梁护栏和防护网时，必须针对新增加的恒载以及车辆碰撞荷载对桥梁主体结构进行验算，确保不会对桥梁结构的安全造成影响。

(3)视实际情况，进入立体交叉路段前应设置必要的减速设施。

(4)视实际情况，设置必要的视线诱导设施。

7)桥头接小半径曲线路段：

(1)桥头应设置警示标志，曲线外侧应设置视线诱导设施。

(2)根据路侧危险程度设置护栏，并注意路基护栏与桥梁护栏之间的过渡。

(3)在车速较快的桥头路段，可提前设置减速标线或物理性减速设施。

11.2.4.3 公路桥隧连接路段

公路桥隧连接路段中单独桥梁、隧道的交通安全设施的设置除满足上述有关要求外，还应在新改建设计中注意以下事项：

1）桥隧连接段线形与桥梁和隧道整体线形应协调一致。

（1）依据隧道的长度设置曲线半径和曲线频率。

（2）桥隧连接段范围内不宜设置竖曲线变坡点，或需要在保证视距情况下设置竖曲线变坡点。

（3）受桥梁隧道连接段交通运行环境的不利影响，此段纵坡应该控制在最小范围内。同时纵坡还应该满足通风、排水要求。桥隧路段纵坡大的路段应当采取相应的减速设施。

（4）保证良好的线形组合，自然诱导驾驶员的视线，使驾驶员保持视觉的连续性。

（5）隧道洞口的平纵面线形组合应注意以下几点：

①大纵坡与洞口附近小半径平面曲线应尽量避免重合；

②隧道短直线介于两同向曲线之间形成断背曲线，易产生反向曲线的错觉；

③凸形曲线顶部易使驾驶员丢失方向，凹形竖曲线底部设有小半径曲线起点易使驾驶员产生视觉误差；

④一个大平曲线上有几个变坡点，或一个竖曲线内有几个平曲线时，会使视线不平衡，驾驶员易发生判断错误。

2）车道控制，加强车辆分流，采用合理的匝道交通组织策略。

（1）车道控制是指在桥梁隧道整个路段上，通过分车型分车道措施，使不同类型的机动车按照不同车道行驶，减少不同车型间行车干扰。

（2）调节匝道出入口汇入或分离主线的不均匀交通流，使匝道车流均匀稳定地与主线交接，减少或者消除匝道分、合流区交通拥挤的发生，确保主线、匝道和被交路之间实现高效的交通转移。

（3）对主线道路进行改造拓宽出一条变速车道进行过渡。优化交织区内的道路交通标线，包括入口横向标线、三角带的标线等，有助于驾驶员认清交织区驶入和驶出的安全交汇空间。

桥隧相接段如图 11.2-9 所示。

11.2.5 桥涵荷载限制路段

连续路段内如桥梁技术状况发生变化，桥梁承载能力降低时，应在桥梁前后设置相应限载标志，酌情设置限高、限宽标志或设施，在路段前的路口适当位置设置相应预告、指示标志。

图 11.2-9　桥隧相接段

11.3　处置案例

11.3.1　案例一

某二级公路隧道，设计速度 60km/h，全宽 10.5m(路面宽 9m + 2 × 0.75m 检修道)，净空高度 5m；洞口外路基宽 12m，路面宽 11.4m，隧道口的建筑限界明显发生变化，洞门端墙外露，隧道入口段如图 11.3-1 所示。

图 11.3-1　隧道入口段

处置对策如下：

(1) 入口段增设混凝土翼墙及波形梁护栏进行过渡；

(2) 入口段增设导流线、振动型车行道边缘线；

(3)出入口完善相应标志。

隧道入口段处置方案及处置效果如图 11.3-2 和图 11.3-3 所示。

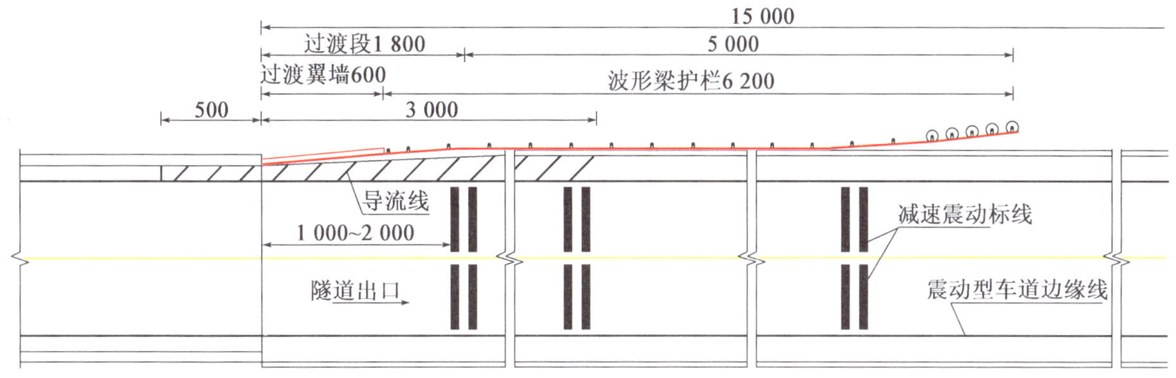

图 11.3-2　隧道入口段处置方案(尺寸单位：mm)

图 11.3-3　隧道入口段处置效果图

处置对策的实施：基本消除了隧道入口段端墙及检修道等危险物形成的路侧风险，为公路建筑限界变化提供足够的过渡空间和引导，避免车辆直接冲撞隧道口。

11.3.2　案例二

某山区二级公路，设计速度 60km/h，路基宽 9m，穿越小型山谷处一般设有涵洞，在运营过程中，涵洞上下游洞口存在行人或非机动车辆跌落的风险，涵洞口现状如图 11.3-4所示。

针对设计速度低于 60km/h 的二级公路无护栏小桥涵洞，路面至涵底高度小于 2.5m 时，可增设警示栏杆；路面至涵底高度大于 2.5m 时，应设置相应防护等级的护栏，如图 11.3-5 和图 11.3-6 所示。

图 11.3-4　涵洞口现状图

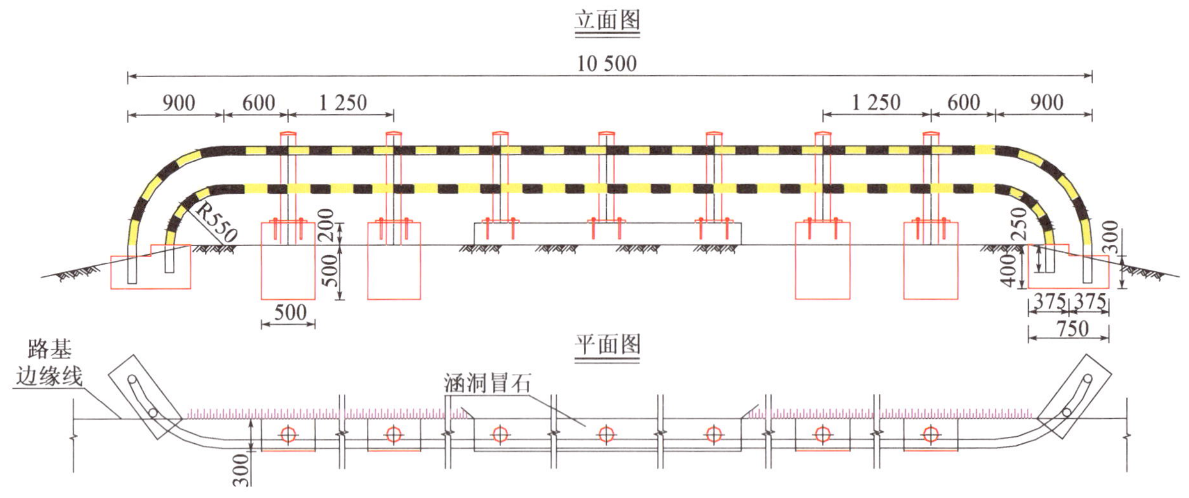

图 11.3-5　护栏设置示意图(尺寸单位：mm)

图 11.3-6　涵洞口设置警示栏杆

通过对无护栏的小桥涵洞路段设置警示措施，起到了对行人及非机动车辆提供有效保护的作用，最大限度地避免坠落事故的发生。

12 交通事故多发路段安全风险及综合处置对策

12.1 交通事故多发路段判定及主要风险

2km 范围内 3 年发生过 1 起死亡 3 人以上的事故或 500m 范围内 3 年发生过 3 起以上死亡事故的路段。

事故数据可以从以下途径获取:

(1)交通管理部门事故记录档案;

(2)公路管理养护部门养护记录档案;

(3)当地村民调查询问。

交通事故多发路段主要事故形态可分为单车事故、追尾事故、正面相撞事故和机动车碰撞非机动车或行人事故,这些路段存在驾驶人超速、超载、疲劳驾驶等不良行为,车辆带病、超限行驶,道路通行条件差,混合交通等风险因素中的一种或几种并存,交通事故发生概率较大。

12.2 风险成因

道路交通系统是由驾驶员、车辆、道路及道路交通环境等构成的动态系统,人、车、路和环境构成道路交通的四个要素,各要素之间匹配失调会造成道路交通安全隐患,使道路安全风险加大,交通事故发生概率和频率增高。

12.2.1 人的影响

驾驶人和行人是引发交通事故的主要原因。驾驶人安全意识淡薄,超速、超载、疲劳驾驶,无法准确判断路况及车辆状况,无法及时调整车辆行驶状态,或因驾驶人驾驶能力低、驾驶习惯不良,不正确的驾驶行为对其自身及周围车辆行人的安全均造成威胁。行人因贪图方便,随意横穿公路,占用车行道,在视线条件不良或驾驶人误判情况下极易造成交通事故。

12.2.2　车辆自身问题

车辆技术性能降低，无法正常操控和行驶，直接影响道路交通安全。车辆带病行驶，出现制动系统、转向系统、动力系统失灵或灯光失效、承载部件破坏等技术状况，一般会直接导致交通事故的发生。

12.2.3　路和环境的影响

公路平纵线形指标不均衡、视距不良、道路强度稳定性、平整度、抗滑性等性能降低等因素，均对车辆安全行驶造成一定的威胁。

交通环境包括交通量、交通组成、交通安全设施、天气条件、气候条件、噪声等，不利的交通环境加大了车辆的驾驶困难程度，增加了道路突发情况发生的概率，同时提高了公路行驶的安全风险。

12.3　交通事故多发路段的综合处置对策

交通事故多发路段应进行综合分析处置。剔除因不正当驾驶原因发生的交通事故后，首先应分析交通事故驾驶人及车辆状况是否为事故主要原因，其次调查事故发生时的天气、温度、湿度、路面状况等环境因素对事故的影响，最后要系统地识别公路条件类型，确定公路安全风险因素。对于人、车为主因的事故路段，应以道路交通管理和警示措施为主选择处置对策；对于环境因素影响较大的事故多发路段，应以改善道路路面性能和警示措施为主选择处置对策；对于公路条件满足交通安全风险典型路段特征的，可结合本指南综合选定处置措施。

综合以上对人、车、路、环境等因素的影响分析，根据事故形态对照表 12.3-1 ~ 表 12.3-4 选择处置对策。

表 12.3-1　单车事故形态的安全改善对策

事故形态	影响因素	安全改造对策
单车事故	平纵线形	改进平面线形设计，如增大平曲线半径、增设缓和曲线等
		改进纵面线形设计，如放缓纵坡，增加竖曲线半径等
		改进平纵组合设计
		设置合适的超高
	横断面要素	加宽路肩
		加宽车道

续上表

事故形态	影响因素	安全改造对策
单车事故	横断面要素	改善路肩条件
		设置路肩振动带
	道路表面状况	路面功能性修复
		改善路基路面排水
		修复损坏的路面
	路侧	移走路侧障碍物
		对障碍物进行防护
		采用解体消能式结构
		边坡放缓
		设置路侧护栏
		提高护栏的防护等级
		设置避险车道
		设置制动检查区
	视距	设置视线诱导设施
		设置限速标志
		设置强制减速设施
		清除山体、树木等遮挡物体
	道路标志标线	增加弯道警告标志
		弯道路段施画路面边缘线
	道路接入	减少接入点的密度
		改变接入点的控制方式，如由不控制接入点到部分控制出入点或全部控制出入点
	驾驶人行为	设置限速标志
		实施交通宁静措施
		设置监控摄像头
	天气条件	提高冬季的路面养护水平
		设置警告标志

表 12.3-2　追尾事故形态的安全改善对策

事故形态	影响因素	安全改造对策
追尾相撞	平纵线形	改进平面设计，如增大平曲线半径、增设缓和曲线等
		改进纵面设计，如放缓纵坡，增加竖曲线半径等
		改进平纵组合设计

续上表

事故形态	影响因素	安全改造对策
追尾相撞	道路接入	减少接入点的密度
		改变接入点的控制方式，如由不控制接入点到部分控制出入点或全部控制出入点
	视距	设置限速标志
		提高视距受限路段的视距
	驾驶人行为	设置限速标志
		实施交通宁静措施
		设置监控摄像头
	道路表面状况	路面功能性修复
		改善路基路面排水
		修复损坏的路面
	天气条件	提高冬季的路面养护水平
		设置警告标志

表 12.3-3　正面相撞事故形态的安全改善对策

事故形态	影响因素	安全改造对策
正面相撞	通行能力	增设超车道
		禁止超车
	道路标线	弯道路段施画道路中心线
		提高道路标线的耐久性
	横断面	加宽车道
		加宽路肩
		改进路肩条件
		设置振动带
	道路表面状况	路面功能性修复
		改善路基路面排水
		修复损坏的路面
	驾驶人行为	设置限速标志
		实施交通宁静措施
		设置监控摄像头
	天气条件	提高冬季的路面养护水平
		设置可变信息标志

表 12.3-4 机动车碰撞非机动车或行人事故形态的安全改善对策

事故形态	影响因素	安全改造对策
机动车碰撞非机动车或行人	对行人/非机动车的保护措施	设置人行横道
		调整人行横道的位置
		增加人行横道信号灯
		设置人行道
		设置过街天桥
		设置非机动车道
		在机动车和非机动车之间设置隔离设施
		实施交通宁静措施
	行人/骑车人的可视性	移走视线障碍物
		设置行人警告标志
	道路照明	设置道路照明系统
		改善道路照明系统

12.4 处置案例

12.4.1 案例一

某三级公路，设计速度 40km/h，路基宽 7.5m，局部存在半径为 110m 的曲线，易发生车辆失控侧翻的事故，如图 12.4-1 所示。

图 12.4-1 经常发生交通事故的小半径弯道(改线前)

事故原因分析：一是部分路段平纵线形指标不均匀，二是该路段车辆行驶速度较快，在车辆进入小半径曲线时，由于驾驶人操作不当，易发生车辆失控侧翻的事故。针对该路段存在安全风险，采取如下处置措施：

(1)结合公路大修工程，通过对小半径曲线路段实施“截弯取直”工程，改善公路线形，并于路侧设置波形梁护栏，如图 12.4-2 所示。

图 12.4-2　小半径弯道进行平面线形的改造

(2)该路段范围设置限速标志及减速标线。

处置对策的实施：从根本上消除了小半径曲线路段，使公路线形指标更为均衡。

12.4.2　案例二

某二级公路，设计速度 40km/h，路基宽 8.5m。原事故多发路段长 780m，采用 5～13m中桥跨河，桥梁与河道正交，桥头引道分别接 60m、90m 小半径曲线，雨雪天气及夜间易发生车辆冲出路外事故。

事故原因分析：一是部分路段平面线形指标不均匀，属于桥头接小半径曲线路段，二是受天气及气候原因影响，雨雪天气及夜间易发生车辆冲出路外的交通事故，三是在车辆进入小半径曲线路段时，驾驶人对路线变化情况不能及时判断，易出现误操作。针对该路段存在安全风险，采取如下处置措施：

(1)通过公路大修工程及桥梁维修改造工程对原道路进行局部改线，新建 7～20m 桥梁，斜交 45°，桥头引道线形调整为直线，顺接原有道路，调整后路线长 600m，如图 12.4-3 所示。

图 12.4-3　典型的“路随桥”事故多发路段的改造

(2)桥头引道及桥面铺装层采用ESMA路面，提高路面抗滑性能，改善道路行车条件。处置对策的实施：从根本上改善了通行条件，消除了桥头接小半径曲线的安全风险，缩短了车辆的实际运营里程，达到了节能降耗的目的。

12.4.3 案例三

某二级公路，设计速度40km/h，路基宽8.5m。原事故多发路段为连续曲线穿村路段，长990m，曲线半径分别为200m、70m、70m、150m，过村段行车干扰较大，车辆冲撞行人事故多发。

事故原因分析：一是该路段为典型的过村镇路段，行人对行车干扰较大，车辆冲撞行人事故多发。二是受村庄现状限制，道路紧邻房屋，不能设置人行道规范行人出行，道路两侧无排水设施，道路通行条件较差。针对该路段存在安全风险，采取如下处置措施：通过公路大修工程，利用河滩地，将路线调整至村外，调整后最小曲线半径250m，路线长900m，如图12.4-4所示。

图12.4-4 小半径弯道进行平面线形的改造

处置对策的实施：从根本上消除了村庄路段对行车的干扰，改善了连续小半径曲线路段线形，降低了交通事故发生频率。

13 公路安全生命防护工程实施后评估

公路安全生命防护工程交工验收后应对总体安全效果和措施的有效性进行评价，评估投资效率和项目目标实现情况，总结实施经验和教训，为公路安全生命防护工程的不断完善提供支持。

13.1 评估依据

公路安全生命防护工程效果评估可综合采用实施前后对比法、投入产出分析法、满意度调查法等多种方法。在项目或工程实施前、实施中及实施后的各个阶段应进行良好的数据和资料采集。根据评估方法和评估对象的不同，可参考采集以下数据和资料，也可根据评估需要另行确定。

(1)项目或工程实施前公路和路段的基本情况，包括技术参数、交通情况、环境情况、交通事故情况、开放式协商和沟通中对公路情况的评价及实施建议等，除文字记录外，有条件的宜对实施前的情况进行拍照或录像。

(2)公路安全生命防护工程实施情况资料，包括有关设计论证材料、实施工程数量具体实施地点、实施时间以及措施内容、单价、数量等，除文字记录外，有条件的宜对重点实施过程进行拍照或录像。

(3)公路安全生命防护工程实施后的公路和路段情况，有关数据和记录宜与实施前的逐一对应。

(4)公路安全生命防护工程社会效果分析，宜进行专门的公众满意度调查分析。同时收集有关新闻报道和社会反响等材料。

(5)其他技术数据采集分析，如行车轨迹指标、冲突指标、驾驶人心理及生理指标等。

13.2 项目安全性评估

13.2.1 实施处置重点及总体规模

1)总体规模

以国道101线和省道承赤线S235示范工程为例，其中国道101线长116.59km，位于承德市东南部沟谷平原区;省道承赤线62.62km,位于承德市北部山区。

国道101线和省道承赤线S235的工程总投资分别为1 266万元和2 639万元,主要工程数量见表13.2-1。

表13.2-1 主要工程数量

路线	工程项目										
	示警墩改波形梁钢护栏(m)	波形梁钢护栏(m)	混凝土护栏(m)	缆索护栏(m)	施画标线(m)	改造浅边沟(m)	过村镇路段路宅分离(m)	深边沟改造成暗埋式管(沟)排水(延米)	平交道口渠化改造(m)	长大纵坡综合治理(km/处)	涵洞增设示警栏杆(m)
国道101线	7 662	614	80		15 040	4 140	3 470		11		169
承赤线S253	11 926	943		1 870	7 044	2 030	2 580	10 170	4	2.19	132
合计	19 588	1 557	80	1 870	22 084	6 170	6 050	10170	15	2.19	301

2)实施处置重点

国道101线的主要安全风险包括:公路平纵线形指标较高,车辆运行速度较快;越岭路段存在急弯、陡坡和视距不良等风险;临近城区,各等级公路平交路口密集,交通量较大,交通组成复杂;过村镇路段较多,路侧房屋与公路有3~10m的距离,路侧干扰较大;路侧均为矩形深边沟;原设置的大量警示墩不满足安全标准要求。

省道承赤线S253的主要安全风险包括:公路线形指标低,越岭长陡纵坡路段事故多发;沿线村镇多,景区多,交通组成复杂;原有安全防护设施不完备;冬季积雪、道路结冰对行车安全影响较大。

示范工程实施紧密结合示范路段的安全风险实际情况,遵循"因地制宜、系统完善、预防优先、经济有效、服务群众"的原则,重点采取以下处置措施:

(1)对大型平面交叉口以增加专用转弯车道、改善视距和信号灯控制等措施进行合理渠化改造,明确路权,尽可能减少和消除交通冲突点;

(2)对于人流密集的过村镇路段,设置人行横道,进行路宅分离,合理分配路权,规范交通行为;

(3)对于路侧有矩形边沟的路段,采用改造暗埋式管(沟)、浅边沟等工程措施进行改造;

(4)对于不满足防护等级要求的示警墩因地制宜地进行改造,设置满足相应防护等级的护栏;

(5)在过村镇路段增设港湾式公共汽车停靠站,在风景优美的路段设置停车区和观景台，在事故多发点以及旅游景区设置监控及应急设施，为公路使用者提供充分完善的服务；

(6)利用高填方路堤将平交路口改为立体交叉，消除冲突点；

(7)长陡下坡路段设置停车区或观景台，方便车辆检修和降温，并设置避险车道；

(8)积雪冰冻路段采用自融雪路面进行防滑处理。

13.2.2 公路风险等级变化情况

对公路安全生命防护示范工程项目的路段实施后现场风险数据采集和风险评估，对比实施前后公路风险等级变化情况。国道101线公路安全生命防护示范工程项目实施前后风险评估对照如下。

实施前国道101线的公路风险统计见表13.2-2，Ⅳ、Ⅴ级高风险路段共计59.3km，占总里程的54.2%。其中Ⅳ级40.5km，占总里程的37%，Ⅴ级18.8km，占总里程的17.2%。

表13.2-2 实施前G101公路风险统计表

<table>
<tr><th>公路风险等级</th><th>里程(km)</th><th>百分比(%)</th><th>合 计</th></tr>
<tr><td>Ⅰ</td><td>0</td><td>0.0</td><td rowspan="3">45.8</td></tr>
<tr><td>Ⅱ</td><td>0.8</td><td>0.7</td></tr>
<tr><td>Ⅲ</td><td>49.3</td><td>45.1</td></tr>
<tr><td>Ⅳ</td><td>40.5</td><td>37.0</td><td rowspan="2">54.2</td></tr>
<tr><td>Ⅴ</td><td>18.8</td><td>17.2</td></tr>
<tr><td>合计</td><td>109.4</td><td>100.0</td><td>100</td></tr>
</table>

实施后国道101线的公路风险统计见表13.2-3，大多数Ⅳ、Ⅴ级高风险路段公路风险降低为Ⅰ~Ⅲ级，Ⅰ~Ⅲ级路段占比89.7%，Ⅳ、Ⅴ级高风险路段剩余11.6km，占总里程的比例由实施前的54.2%降低至10.3%，其中公路风险等级Ⅳ级由37%降低至8.7%，Ⅴ级由17.2%降低至1.6%。

表13.2-3 实施后G101公路风险统计表

<table>
<tr><th>公路风险等级</th><th>里程(km)</th><th>百分比(%)</th><th>合 计</th></tr>
<tr><td>Ⅰ</td><td>83.5</td><td>74.4</td><td rowspan="3"></td></tr>
<tr><td>Ⅱ</td><td>11.9</td><td>10.6</td></tr>
<tr><td>Ⅲ</td><td>5.2</td><td>4.6</td></tr>
<tr><td>Ⅳ</td><td>9.8</td><td>8.7</td><td rowspan="2"></td></tr>
<tr><td>Ⅴ</td><td>1.8</td><td>1.6</td></tr>
<tr><td>合计</td><td>112.2</td><td>100.0</td><td>100</td></tr>
</table>

图13.2为国道101线公路安全生命防护工程实施后的公路风险示意图，图中绿色为Ⅰ级路段，黄色为Ⅱ级路段，橙色为Ⅲ级路段，红色为Ⅳ级路段，黑色为Ⅴ级路段，可见实施后红色和黑色区域占全线比例很小。

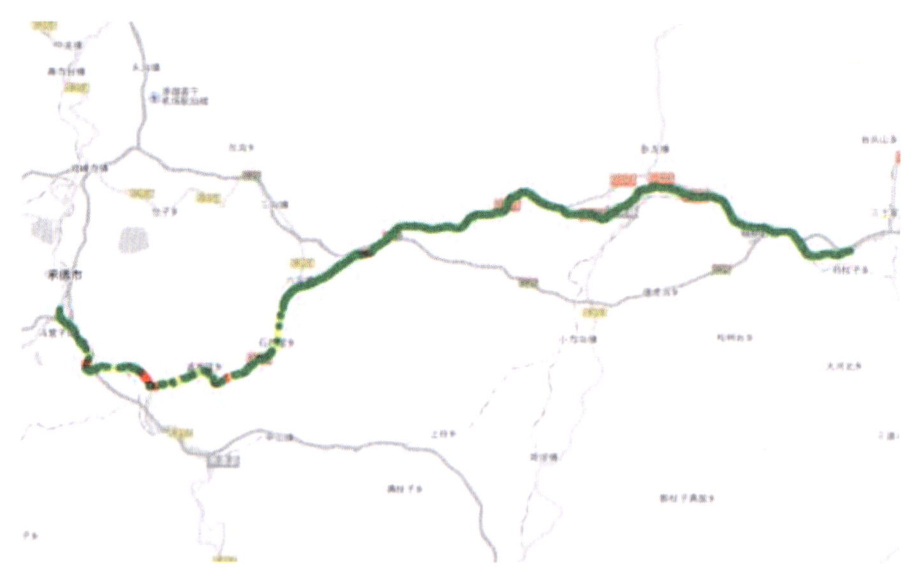

图13.2 G101线实施后公路风险示意图

13.3 项目有效性评估

13.3.1 典型路段处置措施有效性评估

1)平面交叉路口路段

以国道G101线上板城桥头平面交叉路口为例。

(1)风险因素分析

如图13.3-1所示，G101与S251和X554交叉口的西南角为加油站，进出加油站的车辆较多，且出口直接汇入交叉口，容易造成拥堵，引发交通事故；交叉口的东北侧山体以及东南侧花坛影响行车视距；交叉口导流岛仅施画机动车禁驶区标线，行车道未设置导向箭头，未设置交通信号灯，直行和转弯车辆混行，容易造成拥堵；X554直行至G101的车辆与G101直行至S251的车辆、X554左转至G101的车辆与G101直行至S251的车辆、S251左转至X554的车辆与X554直行至G101的车辆等形成多个交通冲突点，容易引发交通事故；未设置人行横道，行人穿越随意性较大；此处平面交叉口为承德市与东、南4个县区连接的枢纽，交通量较大。

(2)处置措施

如图13.3-2所示，对交叉口东北侧和东南侧进行拓宽处理，清除山体及花坛障碍物，改善行车视距；将加油站出口沿S251南移，使加油站出口远离交叉口，减小出入加油站车辆对交叉口通行车辆的影响；重新施画G101、S251、X554的道路中心线和行车道边缘线；增设人行横道线、交通信号灯、导向箭头；原东南侧花坛清除后设置右转专用车道，S251进入G101的右转车辆从右转专用车道分流。

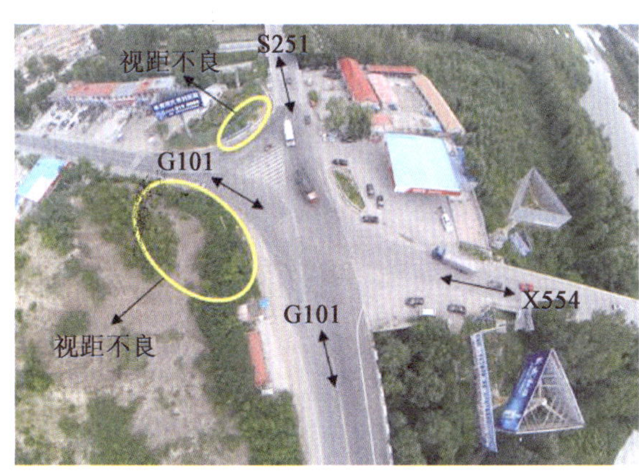

图13.3-1 G101上板城桥头平面交叉路口改造实施前

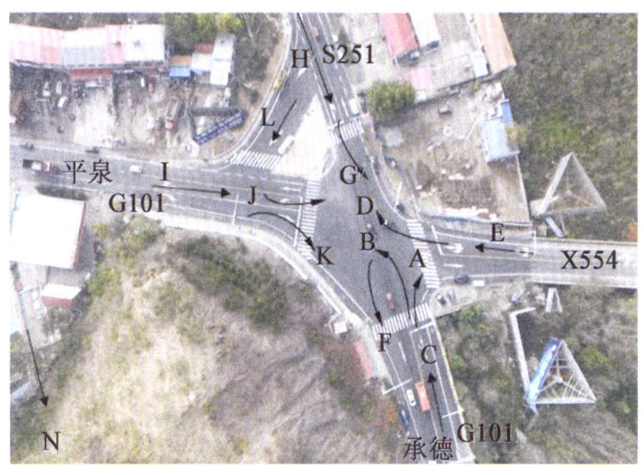

图13.3-2 G101上板城桥头平面交叉路口改造实施后

(3)实施效果

现场观测1h(14:10~15:10)的交通量见表13.3-1。S251右转至G101的L向车辆数达到93 辆，原东南侧花坛清除后设置的右转专用车道起到明显的分流作用；X554 交通量较小，直行E 向、左转F 向和右转D 向的车辆总数为116 辆，3 个方向车辆共用行车道能够满足通行需要；S251 左转至X554 的G 向车辆数较少，仅为22 辆，无须设置左转专用车道；G101 平泉至承德方向的右转K 向车辆数为107 辆，设置右转专用车道是合理的；总体而言，交叉口处各方向交通量与行车道分配基本匹配。观测时间处于回城高峰期，交通量较大，各方向车辆基本能够按照规定的行车道行驶，无显著交通冲突点，车辆行驶顺畅，未出现交通拥堵现象。

表13.3-1　交通量观测结果

行车方向	机动车(辆)	行车方向	机动车(辆)
A向	2	G向	22
B向	126	H向	170
C向	128	I向	34
D向	58	J向	52
E向	56	K向	107
F向	2	L向	93

2)过村镇路段

以大杨树林村城镇化街道治理为例。

(1)风险因素分析

如图13.3-3 所示，大杨树林村过村路段位于省道承赤线(S253)K23 +600 ~ K24 +800，二级公路，路基宽12m，路侧为矩形边沟，部分路段边沟无盖板，穿村镇路段车辆和居住性接入口较多，行人穿越密集且随意性较大，存在车辆路侧占道停放现象，道路中心线缺失。改造实施前该路段近3 年内交通事故伤亡人数为3 人，交通事故风险等级为Ⅳ级。

图13.3-3　S253 大杨树林村过村路段改造实施前

(2)处置措施

如图13.3-4所示，在进出村位置设置港湾式公共汽车停靠站，减少路侧等车的安全隐患；将路侧边沟改造成暗埋式管(沟)排水，原有边沟盖板上铺设人行道砖改造为人行道，减少行人占用行车道，增加路侧容错空间，也起到路宅分离的作用；对村内道口和人行横道重新进行规划，增设人行横道线、人行横道预告标识线、导向箭头、横向减速标线，引导车流和人流有序通行，提醒车辆在人行横道前减速行驶；穿越学校路段人行横道采用彩色人行横道标线，加强警示作用；重新施画道路中心线和行车道边缘线，道路中心线采用黄色实线，禁止车辆越线超车。

图13.3-4　S253大杨树林村过村路段改造实施后

(3)实施效果

现场观测1h(11:30~12:30)的交通量见表13.3-2，人行横道一侧为学校，当时正值中午放学，通过人行横道的家长和学生较多。

表13.3-2　交通量观测结果

行车方向	小客车(辆)	大中型客车(辆)	货车(辆)	非机动车(辆)	行人(人)
A向	56	5	52	28	6
B向	26	4	16	23	3
人行横道	—			11	29

现场观测的车辆通过人行横道的平均速度见表13.3-3，为了对比彩色人行横道标线的减速效果，在人行横道上游100m位置处也对车辆的平均速度进行了观测，根据观测结果可知，通过人行横道时小客车平均速度降低了8.7km/h，货车平均速度降低了10.3km/h，减速效果较好。观测过程中也发现，车辆在人行横道前方以及经过人行横道时，减速让行的意识与行为较明显，未出现机动车与行人的显著冲突，基本消除行人随意横穿公路的现象。

表13.3-3　车辆平均速度观测结果

观测位置	车型	
	小客车(km/h)	货车(km/h)
人行横道上游100m位置	58.4	57.5
人行横道位置	49.7	47.2
速度差	-8.7	-10.3

13.3.2　典型设施有效性评估

1)彩色人行横道标线

示范工程在S253线的多个过村路段施画彩色人行横道标线(图13.3-5)。

图13.3-5　S253大杨树林村过村路段彩色人行横道标线

根据在S253线大杨树林村过村路段的观测结果可知，通过人行横道时小客车平均速度降低了8.7km/h，货车平均速度降低了10.3km/h，减速效果较好。观测过程中也发现，车辆在人行横道前方以及经过人行横道时，减速让行的意识与行为较明显。

2)停车区和观景台

示范工程山区公路线形坡陡弯多，车辆长时间行驶容易出现驾驶疲劳，公路安全生命防护工程实施时，因地制宜地灵活利用路侧闲置土地设置多处停车区和观景台(图13.3-6)，以满足驾乘人员停车、检修、休息、观景的需要。

图13.3-6　S253长下坡路段设置的停车区

节假日期间旅游车辆交通量较大时，使用停车区和观景台的车辆较多，观测过程中也发现有车辆使用停车区和观景台。停车区和观景台的设置进一步提升了公路服务水平，更好地满足公众舒适便捷的出行需求。

3)护栏

示范工程实施应用的护栏形式主要包括缆索护栏、波形梁钢护栏和混凝土护栏，结合路侧情况、护栏防护能力和变形要求、景观、养护方便性等因素，因地制宜地选择合理的护栏形式。

示范工程在风景优美的山区路段设置缆索护栏(图13.3-7)，更有利于驾乘人员欣赏公路沿线自然景观。在路侧危险程度高、护栏变形空间小的路段设置混凝土护栏(图13.3-8)。波形梁钢护栏是一种半刚性护栏，护栏防护能力、碰撞后变形、景观性等介于缆索护栏和混凝土护栏之间，因此适用范围更广，在示范工程中应用较多，如图13.3-9所示。

图13.3-7　缆索护栏

图 13.3-8　混凝土护栏

图 13.3-9　波形梁护栏

示范工程实施时，在缆索护栏和波形梁钢护栏立柱上粘贴反光膜，起到一定的警示诱导作用，尤其在夜间，可以清晰显示公路边界轮廓，指引车辆正常行驶。

根据交警部门的事故资料，实施公路安全生命防护工程以来，护栏已经多次有效拦截失控车辆，如图 13.3-10 所示，护栏的设置应用有效提升路侧危险路段的安全防护水平，降低车辆失控驶出路外风险的严重程度，降低事故死亡率，经济和社会效益显著。

4) 自融雪路面

自融雪路面是采用添加融雪抗冰剂的沥青混合料铺设的路面。融雪抗冰剂的主要工作原理是通过渗透压和毛细管现象及行驶车辆的摩擦效果，使钙质盐分从沥青混合料内部浓度较高的狭小空间，逐渐向盐分浓度较低的路面表面析出，降低沥青面层薄膜水的冰点，从而防止和延缓冬季路面的冰冻，发挥融雪化冰作用。

示范工程在 S253 线的冬季易积雪路段采用自融雪路面(图 13.3-11)，自融雪路面在下雪期间能够有效防止和延缓路面的冰冻，普通路面积雪在车辆碾压以后基本无法人工铲除，而自融雪路面有明显改善，降雪量较少时路面没有积雪，即使在降雪量较大的情况下，由于融雪化冰的作用人工铲除积雪也较为容易。

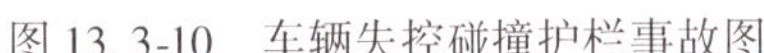

图 13.3-10　车辆失控碰撞护栏事故图

图 13.3-11　自融雪路面

5）立面标记

立面标记应用于可能对行车安全构成威胁的立体实物表面上，实现白天、夜间、雨天等全天候的反光性能，如图 13.3-12 所示，示范工程在标志立柱、混凝土护栏端部、跨线桥桥墩、电线杆、灯杆等位置处涂装立面标记，以提醒驾驶员注意在行车道或近旁有高出路面的构造物，防止发生碰撞事故。

图 13.3-12　立面标记示意图

立面标记的夜间使用效果如图 13.3-13 所示，夜间清晰可见，具有良好的视认性，驾驶员能够在较远的距离范围内看到构造物，而且较为容易地辨别出构造物的轮廓形状，有利于避免车辆失控碰撞构造物而引发交通事故。

6）中央隔离栏杆

如图 13.3-14 所示，为解决过村路段行人和车辆随意横穿公路的问题，示范工程引入城市道路的管理模式，在禁止横穿路段的道路中心线位置设置中央隔离栏杆，隔离栏杆在村内主要路口处断开并预留行车开口，并在每两处行车开口之间预留一处行人开口。

观测过程中发现，中央隔离栏杆的设置能够强制分隔对向车道、限制车辆随意掉头及左转弯、限制非机动车和行人随意横穿等不良交通行为，有效减少交通事故的诱发因素，从而预防交通事故的发生；另外，中央隔离栏杆也起到了诱导驾驶员视线的作用，在夜间能够缓解对向车辆灯光的影响。

图 13.3-13　立面标记夜间使用效果图

图 13.3-14　中央隔离栏杆

13.4　项目社会性评估

公路安全生命防护工程社会性评估包含满意度评价和社会媒体评价。

13.4.1　满意度评价

满意度评价模型由行业形象、预期质量、感知质量、用户满意和用户信任 5 个结构变量构成，按百分制对满意度进行五级划分，满意度分级及含义见表 13.4。

表 13.4　公路安全生命防护工程公众满意度分级及含义

满意度级别	分　值	含　义
非常不满意	0～15	用户所获得的服务远远低于用户的期望，用户的需求全都无法满足，用户感到愤怒并进行投诉
不满意	15～40	用户所获得的服务低于用户的期望，用户的需求大部分不能得到满足，用户抱怨较多

续上表

满意度级别	分　值	含　义
一般	40～60	用户所获得的服务符合用户的期望，用户的需求部分得到满足，用户出现抱怨
比较满意	60～85	用户所获得的服务超过用户的期望，用户的需求大部分得到满足，用户抱怨较少
非常满意	85～100	用户所获得的服务大大超过用户的期望，用户的需求全部得到满足，用户感到愉悦

以G101线满意度评价为例，共发放170份问卷，获得有效的满意度调查问卷163份，对行业形象、预期质量、感知质量、用户满意、用户信任和用户满意度进行统计计算，该工程公众满意度评价的行业形象为85.35分，预期质量为87.72分，感知质量为85.74分，用户满意为84.90分，用户信任为86.27分，综合感知质量和用户满意计算的用户满意度为85.32分，满意度评级为“非常满意”。

具体评估方法见附录A。

13.4.2　社会媒体评价

通过列举社会媒体关于实施效果及公众意见的相关报道总结项目的公众满意程度。

G101线公路安全生命防护工程自实施以来，受到社会媒体及公众的广泛关注，广大公路使用者切实感受到了更加安全、便捷、舒适、美观的公路出行服务。河北法制网、新浪网、河北新闻网、凤凰网等媒体纷纷对河北省公路安全生命防护示范工程进行了宣传报道(图13.4)，发布有关工程实施进展情况以及实施效果等相关信息，为公路交通的安全发展、科学发展、可持续发展营造了良好的舆论氛围。

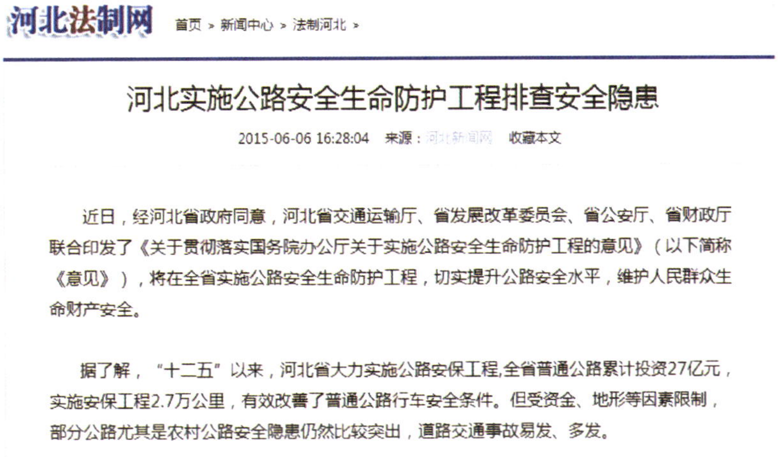

河北法制网　首页 » 新闻中心 » 法制河北 »

河北实施公路安全生命防护工程排查安全隐患

2015-06-06 16:28:04　来源：河北新闻网　收藏本文

近日，经河北省政府同意，河北省交通运输厅、省发展改革委员会、省公安厅、省财政厅联合印发了《关于贯彻落实国务院办公厅关于实施公路安全生命防护工程的意见》（以下简称《意见》），将在全省实施公路安全生命防护工程，切实提升公路安全水平，维护人民群众生命财产安全。

据了解，“十二五”以来，河北省大力实施公路安保工程,全省普通公路累计投资27亿元，实施安保工程2.7万公里，有效改善了普通公路行车安全条件。但受资金、地形等因素限制，部分公路尤其是农村公路安全隐患仍然比较突出，道路交通事故易发、多发。

图13.4　媒体宣传报道

13.5 评估结论

13.5.1 评估结论的内容及要求

评估结论包括工程实施效果、存在的问题及改进建议两部分内容，应从安全风险典型路段安全性、有效性和社会满意度情况等三方面进行阐述。

13.5.2 示例

以 G101 线和 S253 线公路安全生命防护工程评估结论为例。

1)工程实施效果

示范工程实施按照“因地制宜、系统完善、预防优先、经济有效、服务群众”的要求，以公路风险等级较高的路段为重点，涵盖河北省国省干线公路运行安全风险高的典型特征，对交叉口、过村路段、长下坡等路段进行综合整治，形成了具有冀北山区地域特色的国省干线公路安全生命防护技术手段和措施。

从公路风险变化方面，G101 线和 S253 线实施前Ⅳ、Ⅴ级的高风险路段共计 79.6km，实施后剩余 12.1km，由实施前占总里程的 46.3% 降低至 6.9%，高风险路段里程及比例得到有效控制，实施效果显著。

从典型路段的处置措施及典型设施的应用方面着手，实施过程中结合公路交通环境特征、现有设施条件以及面临的安全风险，从主动引导、被动防护、速度控制等多个角度进行综合处置，有效减少交通事故的诱发因素，降低交通事故的发生率以及事故严重程度。具体包括：

(1)在交叉口路段，通过平交路口改造为立交、清除障碍物改善视距、设置转弯专用车道、施画人行横道线、设置交通信号灯、路面施画导向箭头、增设减速让行标志、施画人行横道行人驻足区等多种技术手段，合理分配路权，减少交通冲突点，引导车辆和行人有序通行。

(2)在过村路段，通过设置港湾式公共汽车停靠站、原有边沟改造为人行道、彩色人行横道线、道路中央设置隔离栏杆、路面施画导向箭头、增设减速让行标志等多种技术手段，增加路侧容错空间，减少行人和非机动车随意横穿，提醒和警示车辆在过村路段和人行横道前减速行驶。

(3)在长陡下坡路段，设置避险车道供制动失效货车驶离主线并减速停车，铺设自融雪路面能够防止和延缓路面的冰冻，增设的停车区观景台方便了车辆停车检修及制动系统降温，下穿公路的路侧危险路段设置防护等级较高的混凝土护栏，有效提高路侧防护水平，这些技术手段的综合应用能够有效减少货车制动失效事故发生的可能性以及事故严重程度。

从社会评估方面，根据问卷调查分析结论，公路安全生命防护工程公众满意度处于“非常满意”的水平，说明公路安全生命防护工程的实施获得了公众的认可，广大公路使用者切实感受到了更加安全、便捷、舒适、美观的公路出行服务；社会媒体的相关报道也对公路安全生命防护工程的实施予以充分的肯定，提升了公路行业的社会形象，为公路交通的发展营造了良好的舆论氛围。

2)存在的问题及改进建议

(1)根据风险评估结果，实施后仍有部分路段风险等级达到Ⅳ、Ⅴ级。建议对这些高风险路段进行排查分析，如确有提升空间，须进一步完善交通安全设施，如风险不可避免，建议加强交通安全管理和完善应急预案。

(2)根据风险评估以及现场观测结果，部分路段的交通安全设施仍有待进一步改进，例如一些路段的护栏过渡段未进行平顺连接、护栏不满足最小设置长度要求、部分路段的示警墩应改造为护栏等；个别路段还存在车辆超速现象，需加强相关管理措施或速度控制措施。

(3)根据公众满意度问卷调查分析，公路运营管理水平需进一步提高。部分公路应急能力有待增强，提高节假日或交通疏导时公路的通行效率；存在不文明驾驶、超载超限等个别现象，交通安全宣传教育有待加强。

附录 A　满意度评价方法

A. 1　评价指标体系

公路安全生命防护工程满意度评价模型由行业形象、预期质量、感知质量、用户满意和用户信任 5 个结构变量构成，每一个结构变量通过一系列的可观测变量进行测量。5 个结构变量中，用户满意是结构模型的核心，行业形象、预期质量、感知质量是用户满意的原因变量，用户信任是用户满意的结果变量。评价模型结构如图 A. 1 所示。

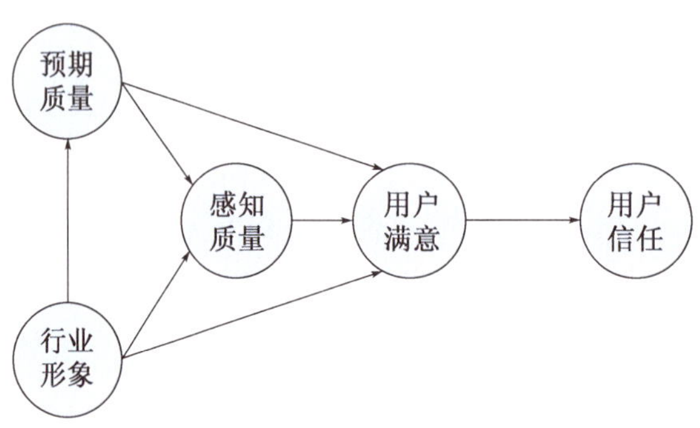

图 A. 1　公路安全生命防护工程满意度评价模型

根据满意度评价模型，满意度评价指标体系采用三级形式，一级指标为用户满意度；二级指标包括 5 个指标，对应于评价模型中 5 个结构变量，用于测量用户在接受特定服务前后的有关感受；二级指标对应的三级指标共 21 个，对应于评价模型中可观测变量，其中感知质量对应的三级指标共有 10 个，主要进行公路安全生命防护工程实施效果的评价。各级指标见表 A. 1-1。

表 A. 1-1　公路安全生命防护工程公众满意度评价指标体系及数学符号

一级指标	二级指标	三级指标
用户满意度	行业形象 ξ_1	对行业的整体印象 x_{11}，社会责任感 x_{12}
	预期质量 η_2	预期安全水平 y_{21}，预期服务水平 y_{22}，预期质量、进度和效率 y_{23}
	感知质量 η_3	路面维护 y_{31}，桥隧安全保障 y_{32}，交叉口治理情况 y_{33}，行驶视线 y_{34}，护栏设置情况 y_{35}，标志标线设置情况 y_{36}，超速、超限、超载治理情况 y_{37}，服务设施设置情况 y_{38}，安全水平提升情况 y_{39}，公路行业服务水平 y_{10}

续上表

一级指标	二级指标	三级指标
用户满意度	用户满意 η_4	总体满意程度 y_{41}，实际感受同预期质量水平相比之下的满意程度 y_{42}，实际感受同理想质量水平相比之下的满意程度 y_{43}
	用户信任 η_5	对服务过程中存在问题的谅解程度 y_{51}，对行业的总体信任感 y_{52}，对行业发展前景的评价 y_{53}

采用 10 级量表测量用户满意程度，按百分制满意度的分级及含义见表 A. 1-2。

表 A. 1-2　公路安全生命防护工程满意度分级及含义

满意度级别	分　值	含　义
非常不满意	0 ~ 15	用户所获得的服务远远低于用户的期望，用户的需求全都无法满足，用户感到愤怒并进行投诉
不满意	15 ~ 40	用户所获得的服务低于用户的期望，用户的需求大部分不能得到满足，用户抱怨较多
一般	40 ~ 60	用户所获得的服务符合用户的期望，用户的需求部分得到满足，用户出现抱怨
比较满意	60 ~ 85	用户所获得的服务超过用户的期望，用户的需求大部分得到满足，用户抱怨较少
非常满意	85 ~ 100	用户所获得的服务大大超过用户的期望，用户的需求全部得到满足，用户感到愉悦

A. 2　社会问卷调查

根据评价指标，确定调查内容，设计公路安全生命防护工程公众满意度调查问卷，并开展满意度调查工作。

评价指标采用 10 级顺序量表，主要分为以下四种，第一种用于测量用户满意程度；第二种用于测量服务与参照物的比较程度；第三种是用于测量服务质量的优劣程度；第四种用于表征各项指标在被调查者心目中的重要程度。10 级量表可以采取 1 ~ 10 进行赋值，1 分表示最低评价，10 分表示最高评价。

A. 2. 1　调查问卷设计

公路安全生命防护工程公众满意度调查问卷主要包括标题、封面信、指导语、问卷主体部分、个人基本信息统计部分和结束语。

1)标题

标题是问卷的主题，应准确、醒目、突出。

例：公路安全生命防护工程公众满意度调查问卷。

2)封面信

封面信，即一封致被调查者的简短信件，主要向被调查者介绍和说明调查的目的、调查单位和调查者的身份、调查的大概内容、调查对象的选取方法和对结果的保密措施等。封面信的语言要简明、中肯，篇幅宜小不宜大。

例：您好，我们是×××(单位或机构)的访问员，我们正在进行公路安全生命防护工程公众满意度调查，占用您几分钟的时间来填写此问卷可以吗？我们的访问要求回答者年龄在18岁以上，您符合这个条件吗？

3)指导语

指导语是用来指导被调查者填答问卷的各种解释和说明。主要对填答要求、方式和方法进行说明。

例：请您对下面的问题在1~10之间进行打分，直接在符合您选择的数字处划“√”即可。

4)问卷主体部分

问卷主体部分用于测评满意度，由问题和答案组成。针对公路安全生命防护工程公众满意度评价指标体系，将各个评价指标表述为问卷中的具体问题。采用封闭式的问题，答案采用10级量表形式，10分表示最高评价、1分表示最低评价。

问题尽可能简短，避免使用专业、行业用语，不应产生诱导性；在一项提问中只包含一项内容，提问在受访者回忆范围内的问题，提问的意思和范围必须明确、应具有逻辑性。

5)个人基本信息统计部分

在满意度调查问卷中加入个人基本信息统计问题：如年龄、性别、驾龄、职业等，以提供更为详细的分析结论。

6)结束语

结束语位于整个问卷的最后，主要向受访者表示感谢。

例：本问卷填写完毕，非常感谢您的支持和帮助！

7)其他部分

除了上述部分以外，在封面印上问卷编号、调查人员、调查日期、调查时间、调查地点等相关资料，以便校核。此外，可以增加一些开放性问题，主要用于对被调查对象其他观点的收集。

例如："最后，您对提升公路安全和服务水平有哪些建议？"

A. 2. 2　调查对象

调查对象主要为公路的直接使用者。包括非营业性运输的驾驶员、营业性质的运输企业和物流公司的驾驶员以及沿路附近居民。

A. 2. 3　调查方式及地点

主要采用人员访谈法，包括沿路定点随机抽样调查、直接拜访等方式。调查地点一般可选择为服务区、休息区、停车区、其他便于停车的地点或沿途村镇。

A. 2. 4　样本量确定

因子分析法要求调查样本的数量是调查问卷中问题数量的 10 倍，如调查问卷中有 21 个问题，调查样本数量至少为 210。考虑一定的不响应率和无效调查结果，实际调查的份数应当更多。

以 G101 线调查为例，G101 线共发放调查问卷 170 份。经过问卷回收和筛选，淘汰掉空缺率较高或答案不能确定题目数量较多的问卷、调查对象不符合要求的问卷以及数据可能不真实的问卷，共获得有效的满意度调查问卷 163 份。

A. 3　调查问卷信度和效度检验

抽样调查中，除了调查时采用的抽样方法和所抽取的调查对象是否具有代表性之外，调查者最为关心的是调查问卷的测量能力。问卷测量能力包括一致性和有效性两个方面。我们通常采用问卷的信度和效度分析来评估其测量能力，进而实现对问卷设计质量的检验。需要说明的是，对本次调查数据进行统计分析时，缺失值的处理为采用样本平均值代替缺失值的方法。

1) 信度检验

采用 α 信度系数和组合信度两个指标进行信度检验。一般而言，当这两个指标值大于 0. 7 时，问卷的信度很好。对于满意度调查问卷，需进行多可观测变量的结构变量和问卷整体的信度分析，信度分析结果参见表 A. 3-1。由表可知，所有结构变量的 α 信度系数和组合信度值均大于 0. 8，问卷整体 α 信度系数大于 0. 9，由此说明，本次调查问卷的信度很好。

表 A. 3-1 满意度调查问卷信度分析

检验标准	行业形象	预期质量	感知质量	用户满意	用户信任	问卷整体信度
α 信度系数	0.825	0.862	0.938	0.822	0.887	0.971
组合信度	0.920	0.917	0.948	0.895	0.930	—

2)效度检验

采用单项与总和相关分析的方法评价问卷的内容效度，考虑到满意度测评数据的等级性和偏正态性，采用 Spearman 秩相关系数进行内容效度分析。表 A. 3-2 为满意度调查问卷测量指标与其得分总和的 Spearman 秩相关系数分析结果，可以知道，所有可观测变量之间在 0.01 的显著性水平上具有相关性，问卷的内容效度较好。

表 A. 3-2 满意度调查问卷单项与总和相关系数

各测量变量与其总和的相关系数									
测量变量	x_{11}	x_{12}	y_{21}	y_{22}	y_{23}	y_{31}	y_{32}	y_{33}	y_{34}
相关系数	0.774	0.780	0.763	0.726	0.761	0.771	0.721	0.798	0.731
测量变量	y_{35}	y_{36}	y_{37}	y_{38}	y_{39}	y_{10}	y_{41}	y_{42}	y_{43}
相关系数	0.764	0.772	0.711	0.715	0.769	0.772	0.782	0.719	0.716
测量变量	y_{51}	y_{52}	y_{53}						
相关系数	0.768	0.785	0.788						

采用因子分析方法评价调查问卷的结构效度，因子分析结果如表 A. 3-3。

表 A. 3-3 满意度调查问卷因子分析结果

结构变量	KMO 值	BartLett 球形检验显著性水平	因子 1 特征值	因子 2 特征值	公因子累积方差贡献率	变量的因子载荷最小值	变量的公因子方差提取最小值
行业形象	0.500	0.000	1.703	0.297	85.162%	0.923	0.852
预期质量	0.710	0.000	2.361	0.404	78.687%	0.861	0.741
感知质量	0.950	0.000	6.445	0.604	64.446%	0.768	0.591
用户满意	0.707	0.000	2.219	0.465	73.980%	0.824	0.679
用户信任	0.744	0.000	2.452	0.308	81.720%	0.890	0.792

由表 A. 3-3 可知，问卷的 KMO 值都不小于 0.5，BartLett 球形检验显著性水平均小于 0.05，表明问卷调查数据适合做因子分析。各结构变量因子分析结果表明，所有结构变量的第一个因子的特征值都大于 1，第二个因子的特征值都小于 1，且第一个因子的累积方差贡献率都大于 40%。所有结构变量对应的可观测变量的因子载荷和公因子方差提取值都大于 0.14。因此，本次满意度调查问卷结构效度较好。

通过信度和效度检验可知，满意度调查结果较为可靠，而且能够达到测评的目的，调查数据可以用于满意度计算和分析。

A.4　满意度计算

A.4.1　满意度计算方法

满意度的计算采用逐层递推的多因素加权平均的方法，即先计算单个三级指标的评分，然后通过加权平均的方法计算出各评价因素(包括二级指标和一级指标)的分值，从而得到每个领域的满意度分值，各个领域的满意度加权平均后得到最终的总体满意度。结果用百分制数据表示，满分为 100 分。具体计算方法如下：

(1)单个评价指标的评分计算式为：

$$R_{\mathrm{ij}} = \frac{\sum_{j=1}^{n} r_{\mathrm{ijk}}}{n} \tag{A.4-1}$$

式中：R_{ij}——对第 i 个二级指标对应的第 j 个评价指标的评分；

r_{ijk}——第 k 个调查对象对第 i 个二级指标对应的第 j 个三级指标的打分；

n——调查对象的数量。

(2)单个二级指标的计算式为：

$$U_{\mathrm{i}} = R_{\mathrm{ij}} \times W_{\mathrm{ij}} \tag{A.4-2}$$

式中：U_{i}——第 i 个二级指标的评分；

W_{ij}——第 i 个二级指标对应的第 j 个三级指标的权重。

(3)各领域满意度的计算式为：

$$HCSI_{(1)} = \frac{U_{\mathrm{qua}} + U_{\mathrm{sat}}}{2} \tag{A.4-3}$$

式中：$HCSI_{(1)}$——第 l 领域的满意度；

U_{qua}——该领域感知质量的分值；

U_{sat}——该领域用户满意的分值。

上式表明，公路安全生命防护工程公众满意度是通过用户对工程实施效果的认可程度和满意程度来综合表征的。对于满意度，为什么不直接取用用户满意的分数，是因为公众对服务满意程度的评分是有偏的，有的被调查者对某一项服务的优劣评定会显著影响其对整体服务的满意程度，有的被调查者可能会受到一些主观因素(如受调查时的心情、调查人员的态度等)影响其对服务的满意程度。为了克服用户满意的有偏性，需要通过感知质量来调和用户满意度。

(4)总体满意度的计算式为:

$$HCSI = \sum HCSI_{(1)} \times B_1 \tag{A.4-4}$$

式中:$HCSI$——总体满意度;

B_l——第 l 领域对应的权重。

为了符合日常习惯,最终的结果需要换算成百分制,具体的转换方法如下:

$$HCSI_{per} = \frac{HCSI - \text{Max}}{\text{Max} - \text{Min}} \times 100 \tag{A.4-5}$$

式中:Max——量表的最大值,本次调查采取 10 级量表,Max = 10;

Min——量表的最小值,本次调查采取 10 级量表,Min = 1。

A.4.2 权重的确定

根据调查数据,运用 PLS 方法进行了结构方程求解。以 G101 线公路安全生命防护工程为例,公众满意度评价模型的计算结果如图 A.4-1 所示。图中包含了三种信息,一是结构变量的路径系数,即直接效用,如"行业形象"对"预期质量"的路径系数为 0.809;二是可观测变量对结构变量的荷载系数,如 y_{31} 对"感知质量"的荷载系数为 0.863;三是 R 方,表征前一结构变量对后一结构变量的解释能力,如"用户满意"的 R 方为 0.775,表征"行业形象""预期质量"和"感知质量"解释了 77.5% 的"用户满意"的变化程度。

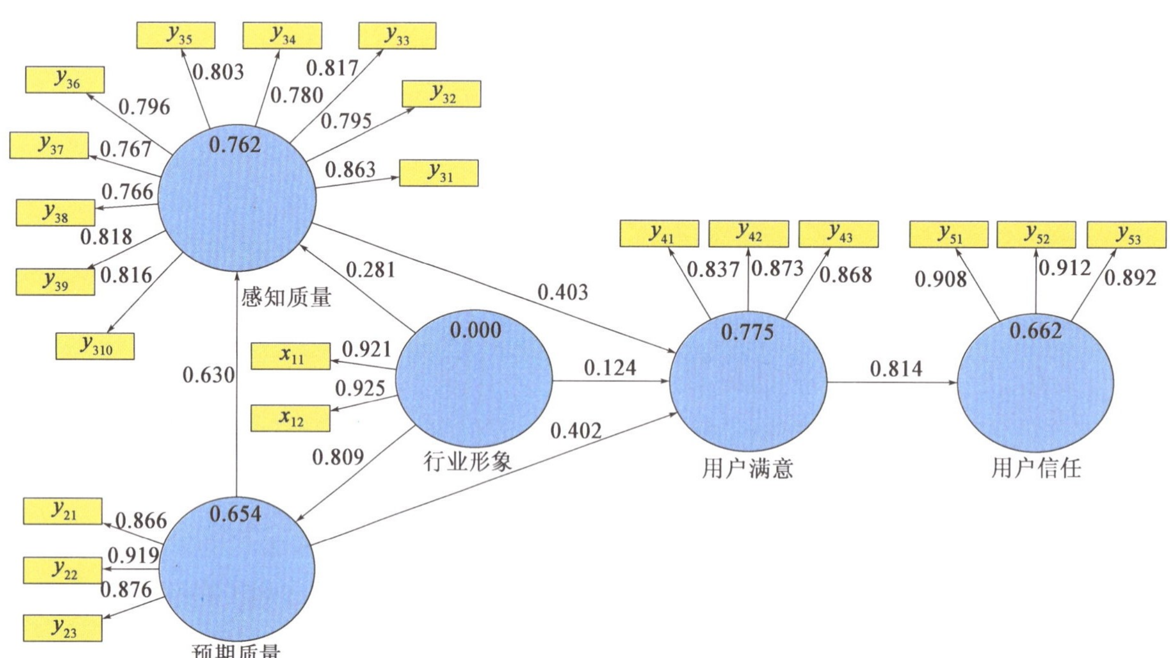

图 A.4-1 公路安全生命防护工程公众满意度模型求解结果

通过对特定的结构方程模型进行求解,得到各个结构变量相应的可观测变量的载荷系数，将载荷系数归一化后即可得到各指标的权重值。可以知道，载荷系数反映的是各个评价指标对上一级指标的影响程度，某指标载荷系数越大，说明该指标对于上一级指标评分的提高越显著。以感知质量为例，其对应的各评价指标的权重确定如表 A. 4-1。

表 A. 4-1 感知质量各评价指标权重计算结果

评价指标	载荷系数	权重(%)
路面维护	0. 863	10. 8
桥隧安全保障	0. 795	9. 9
交叉口治理情况	0. 817	10. 2
行驶视线	0. 780	9. 7
护栏设置情况	0. 803	10. 0
标志标线设置情况	0. 796	9. 9
超速、超限、超载治理情况	0. 767	9. 6
服务设施设置情况	0. 766	9. 5
安全水平提升情况	0. 818	10. 2
公路行业服务水平	0. 816	10. 2

A. 4. 3 满意度调查结果

根据公路安全生命防护工程公众满意度总体调查结果，分别对各评价指标及各评价因素(包括行业形象、预期质量、感知质量、用户满意、用户信任和用户满意度)进行统计计算，G101 线公路安全生命防护工程计算结果如表 A. 4-2、图 A. 4-2。

表 A. 4-2 公路安全生命防护工程公众满意度调查结果

评价因素	评分	评价指标	评分	权重(%)
行业形象	85. 35	对行业的整体印象	85. 45	49. 9
		社会责任感	85. 24	50. 1
预期质量	87. 72	预期安全水平	87. 36	32. 5
		预期服务水平	90. 29	34. 5
		预期质量、进度和效率	85. 37	32. 9
感知质量	85. 74	路面维护	89. 99	10. 8
		桥隧安全保障	85. 23	9. 9
		交叉口治理情况	83. 48	10. 2
		行驶视线	85. 33	9. 7
		护栏设置情况	85. 36	10. 0
		标志标线设置情况	85. 57	9. 9

续上表

评价因素	评分	评 价 指 标	评分	权重(%)
感知质量	85.74	超速、超限、超载治理情况	84.91	9.6
		服务设施设置情况	85.53	9.5
		安全水平提升情况	85.62	10.2
		公路行业服务水平	86.05	10.2
用户满意	84.90	总体满意程度	85.88	32.5
		预期差异	84.38	33.9
		理想差距	84.48	33.6
用户信任	86.27	总体信任感	86.26	33.5
		问题的谅解程度	85.96	33.6
		行业发展评价	86.58	32.9
用户满意度	85.32			

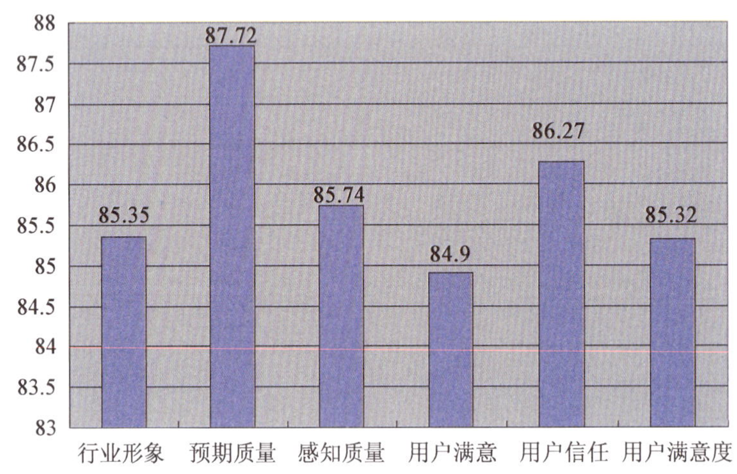

图 A.4-2 公路安全生命防护工程公众满意度各评价因素的评分情况

由上述图表可知，G101 线公路安全生命防护工程公众满意度评价的行业形象为 85.35 分，预期质量为 87.72 分，感知质量为 85.74 分，用户满意为 84.90 分，用户信任为 86.27 分，综合感知质量和用户满意计算的用户满意度为 85.32 分，满意度评级为“非常满意”，并处于该区间的下限。在对工程实施效果的各项指标的评价中，评分均较高，其中“路面维护”最高，为 89.99 分，“交叉口治理情况”最低，为 83.48 分。结果表明：

(1)公路安全生命防护工程的用户满意度非常高，说明实施效果很好，公众非常认可；

(2)行业形象分值非常高，说明公路安全生命防护工程的实施体现出公路行业非常强的社会责任感，给用户留下了积极深刻的印象；

(3)公众对工程实施效果的预期水平比感知质量和用户满意稍高，说明工程的实施较大程度地满足了用户当前的需要；

(4)用户信任分值非常高，说明公众在很大程度上能够包容当前工作中存在的问题，对将来能享受到更好的服务充满信心。